Zur Abbildung auf dem Einband:
Einfach, überzeugend und zeitgemäß – eine großzügige Kieselsteinpflasterung. Die Gesamtwirkung wie auch die Details sind bestechend: Die Strahlen, die auf den Brunnen zulaufen, dazwischen abwechselnd längs und parallel zum Brunnen mit Kiesel ausgepflasterte Segmente.

Zur Abbildung auf dem Vorsatzpapier:
Leuchtende keramische Kugeln und Kiesel, ungewöhnlich und ausdrucksvoll.

Der Bodenbelag unterstreicht den Übergang von einem Gartenteil zum anderen, vom Rasenweg am Entrée zum Ziegelpflasterteppich und wieder zum Rasenweg.

Heidi Howcroft

Das Pflaster im Garten

150 Beispiele
für schönere Wege,
Terrassen, Treppen

Callwey   ...rund ums Haus

Inhalt

6 **Vorwort**

8 **Faszinierendes Pflaster –
befestigte Flächen im Garten**
10 Gartenwege zum Eilen und Verweilen
20 Der Weg zur Haustür
22 Das Traufpflaster
22 Der Garagenvorplatz
22 Terrassen
24 Sitzplätze und Stellflächen
32 Gartentreppen

Materialmischungen
können spannend
sein, sie bereichern
die Wirkung des
Bodens und betonen
die Charakteristik
jedes einzelnen Mate-
rials.

42 **Auswahlkriterien
für den passenden Belag**
42 Von Stimmung und Stil
43 Benutzung und Beanspruchung
45 Größe und Proportion
45 Die Sache mit dem Stöckel-
schuh
45 Pflaster und Versickerung
45 Gebraucht und mit Patina
46 Die Grenzen des Selbermachens
47 Teures Pflaster?
47 Besichtigen und Begehen

48 **Naturstein**
50 Eine kleine Natursteinkunde
55 Natursteinplatten –
Formate und Verlegung
58 Natursteinpflaster
61 Steine nach der Norm
62 Aufgelesen und gesammelt
64 Die Kunst des Verlegens
64 Ordentliche Unordnung
64 Nach Reih' und Glied
67 Bogenpflaster

74 **Beton –
das Material unserer Zeit
oder eine billige Alternative?**

80 **Klinker-, Ziegel-, Terrakottapflaster**
82 Zum Thema Klinkerpflaster
85 Ziegelpflaster
88 Verlegungsformen: eine Vielzahl
von Variationen
90 Terrakotta – Platten mit süd-
licher Wärme

92 **Holzbeläge im Garten**
96 Holzdecks – das Meer läßt
grüßen
97 Holzroste – das Parkett für
außen
98 Bahnschwellen
98 Kantholzpflaster
98 Rundholzpflaster
100 Rinden- und Holzhäckselbelag

102 **Deckschichten**
102 Kies – ein Klassiker
105 Wassergebundene Streudecken

108 **Grüne Wege**
108 Rasenwege
108 Schotterrasen
109 Rasenpflaster

112 **Einfach gefaßt**

118 **Fantasievolle Pflasterbilder –
Kunstwerke aus Kieselstein**

126 **Anhang**

Vorwort

Einen Garten assoziiert man sofort mit Pflanzen. Wie oft beschäftigen sich Gärtner und auch Planer zuerst mit der Pflanzung, konzipieren ausgewogene Kombinationen, sorgen für Spannung und Farbe in der Pflanzenauswahl, sammeln alle möglichen Anregungen – und wo bleiben die Überlegungen zum Bodenbelag?

Ob aus Desinteresse, Unkenntnis oder einfach Überforderung bleibt dieses Thema buchstäblich auf der Strecke. Eher ist es ein Muß, einen Weg zu befestigen, eine Terrasse zu pflastern, denn Schmutz sollte man nicht ins Haus tragen, und die Schuhe sollten nicht dreckig werden.

Pflaster ist mehr als Trittfläche. Gartenbildprägend trägt es zur Stimmung des Gartens bei, sorgt für eine Ganzjahreswirkung und kann von hohem künstlerischen Wert sein. Zugegeben, das Angebot an Beispielen und Anregungen ist sehr dünn.

Wer nicht über fremde Zäune späht, ist auf die Ware im Baumarkt und Gartencenter angewiesen, die eher einen kleinen Ausschnitt als ein umfassendes Programm darstellt. Die Hersteller versuchen ihr Bestes, Produkte und allgemeine gestalterische und technische Hinweise an den Mann zu bringen. Hauptsächlich an den Fachmann gerichtet, sickern sie nur selten bis zum Endverbraucher durch.

Genau diese Informationslücke will mein Buch füllen, will die umfangreiche Auswahl an Material und Verlegungsarten aufzeichnen, hervorragende, nachahmbare Beispiele präsentieren und Vorurteile über »teures« Pflaster abbauen. Nicht nur deutsches, sondern auch Pflasterkultur aus Nachbarländern und Übersee wird abgebildet. Eine Pflasterkollektion, aus der man schöpfen kann, ein idealer Ratgeber für Pflasterung im Garten. Der Begriff »Pflaster« wurde von mir absichtlich breiter gefaßt, nicht nur auf »traditionelles« Pflaster bezogen, sondern unter anderem auch auf Kiesdecken, Schotterrasen und sogar Rasenwege, um einen besseren und umfangreichen Überblick über Bodenbeläge zu geben.

Das Thema Pflaster ist so groß, daß ein Buch allein nicht alle Aspekte der Gestaltung, Anwendung und Ausführung besprechen kann. Aus dem ersten Buch »Pflaster für Garten, Hof und Plätze«, das inzwischen ein Standardwerk mit einem Schwergewicht auf Naturstein- und Klinkerpfla-

Ohne den Belag wäre der Garten nicht vollendet. Auch in seiner bescheidensten Form ist Pflaster, wenn richtig ausgesucht und ausgeführt, ein wichtiger Teil des Gartens.

ster im öffentlichen Raum geworden ist, ist dieses Buch entstanden – eine Vertiefung des Themas für den Bereich Garten.

Es zeigt wichtige Einblicke in die Welt des Gartenpflasters mit dem Schwerpunkt auf Gestaltungsvorschlägen für Wege, Terrassen und Treppen. Bebildert mit Aufnahmen von international renommierten Fotografen, ergänzt durch informative Zeichnungen, ist das Buch ein umfassender Pflasterführer, zugeschnitten auf die speziellen Bedürfnisse im Garten.

Pflaster ist ein fesselndes Thema. Wer die Ästhetik eines gut ausgeführten Belages, der sich Architektur und Umgebung anpaßt, als Zeugnis handwerklicher Leistung und Qualität erkennt, ist auf dem richtigen Weg, für eine bewußte Pflasterkultur und einen schöneren Garten zu sorgen.

Heidi Howcroft

Die Analogie zur Innengestaltung wird deutlich in dieser Aufnahme: Goldregendecken und -wände und ein Teppichläufer aus dunklem Kieselstein, eingefaßt durch breite Natursteinplatten. Der Weg ist dadurch optisch verschmälert, die Länge betont.

Faszinierendes Pflaster – befestigte Flächen im Garten

Wieviel vom Garten »zugepflastert« ist, wird meist unterschätzt. Erst beim Zusammenzählen aller befestigten Flächen von der Garagenauffahrt bis zu Terrasse, Traufe und Wegen wird klar, wie groß der Anteil ist. Abgestempelt als pure Notwendigkeit, im allgemeinen unbeachtet, bieten diese Flächen unzählige Gestaltungsmöglichkeiten. Bereits um die Jahrhundertwende war es gang und gäbe, einen schönen Garten mit einem schönen Bodenbelag zu verzieren. Heute rückt diese Erkenntnis mehr und mehr ins Bewußtsein. Garten und Pflaster gehören zusammen, denn Pflaster bringt Stimmung und Qualität, als schlichter Hintergrund zu einem Blumenbeet, als prachtvoller Bodenteppich oder schmaler Pfad. Eine Symbiose von Kunst und Nutzen, je nach Umgebung eine andere Wirkung und Handschrift.
Von klassischen Kieswegen, dynamischen Holzdecken, innovativen Betonbelägen über selbstverständliches Klinkerpflaster bis hin zu minutiös verlegtem Mosaikpflaster reicht die Palette, die in diesem Buch vorgestellt wird. Die Beispiele zeigen, daß ein Weg mehr sein kann als nur eine Beförderungsader, eine Terrasse mehr als nur eine Stellfläche für Gartenmöbel.

Am Treffpunkt mehrerer Wege ein Rondell aus Großsteinpflaster und maßgearbeiteten Natursteinplatten. Durch eine geschickte Verteilung von Belägen lassen sich gestalterische Elemente betonen.

Gartenwege zum Eilen und Verweilen

Abgestempelt als zweckmäßig und funktional, ist ein Gartenweg wesentlich mehr als eine Verbindung zweier Punkte oder ein Mittel, um sauberen Fußes von einem Ort zum anderen zu gelangen. Wege sind ein wichtiges Element der Gartengestaltung, das Rückgrat eines Gartens, ohne das dieser selbst nicht erlebbar ist. Zugleich Führung und Trennung, wirken sie von oben betrachtet wie Striche, Linien, die dem Garten eine Struktur verleihen. Weil Wege immer zwischen Flächen liegen, werden sie kaum betrachtet; daß wertvolle Gestaltungsflächen zu Füßen liegen, wird leicht vergessen.

Welcher Bodenbelag gelegt wird und wie, beeinflußt die Stimmung. Ob der Weg kerzengerade oder geschwungen verläuft, wie die Farbgebung des Belages ist, ob der Gartenweg eingefaßt ist oder frei auslaufend und ob er auf einen Blickpunkt zuführt, all das sind entscheidende Punkte. Details sind ebenso wichtig wie grundsätzliche Gestaltungsfragen, denn was bringt das ausgeklügeltste und schönste Blumenbeet, wenn die Farbe des Belages die Harmonie zerstört?

Durch eine gut durchdachte Wegeführung kann ein kleiner Garten größer erscheinen, ein großer erfaßbar und erlebbar sein. Spielereien mit falschen Perspektiven, optische Täuschungen, die einen langen Weg kürzer und einen schmalen Weg breiter machen, sind durch die Wahl des richtigen Belages und Verlegemusters möglich.

Bis zur Einführung des Landschaftsgartens im 19. Jahrhundert waren Gartenwege streng und gerade, passend zum architektonischen Garten, in dem alles bestimmten vorgeschriebenen Regeln folgte. Der »Serpentinen«-Weg, ein schlenkernder und mäandernder Weg, eine Entwicklung aus den Wellenlinien des S-förmigen Weges, der noch geometrisch ablesbar war, wurde dann zum wesentlichen Bestandteil des Landschaftsgartens, eine Befreiung von der Geometrie. Der Garten wurde zu einem Stück »Natur« statt »Architektur«. Kein Garten, nicht einmal der kleinste, war ohne Promenadenweg angelegt, ein Wegenetz von sich überkreuzenden, gewundenen Wegen, das sich bis in die hinterste Ecke des Gartens erstreckte. Daß der Weg soviel Bedeutung bekam und zum Leitmotiv eines Gartenstils wurde, mag erstaunlich sein. Die heutigen Gärten sind frei von Mode-Dogmen – Stil und sogar Stilkombinationen können frei gewählt werden, so daß eine eigene Handschrift und ein individueller Gartenstil geschaffen werden. Egal, wie die Wegeführung verläuft, ist eine klare Hierarchie von Wegen, gegliedert nach Funktion und Frequenz ihrer Begehung beizubehalten: ein logischer Aufbau von breiten Hauptwegen bis hin zu schmalen Stichwegen.

Der Hauptweg ist vergleichbar mit der Hauptader. Auch in den kleinsten Gärten sollten zwei Personen bequem nebeneinander gehen können. Eine Breite von mindestens 110 cm ist empfehlenswert, die maximale Breite in großen Gärten, wo der Weg auch befahren werden soll, ist 3 m, da noch breitere Wege eher wie eine »Autobahn« wirken. Hilfreich ist ein Prinzip der französischen Gartentheorie, zutreffend für größere Gärten, nach dem die Länge eines Weges in Proportion zu seiner Breite steht, also je länger, desto breiter. Der Weg sollte nicht zu lang erscheinen. In den zeitgenössischen Handtuch-Gärten ist es eher umgekehrt: Man bemüht sich, den Hauptweg und den Garten länger und größer erscheinen zu lassen, als sie sind.

Gewagt und gelungen, beherrscht ein geschwungener Weg im Blockverband den langen schmalen Reihenhausgarten.

Wie unterschiedlich ein Hauptweg der gleichen Breite wirken kann, wird in den zwei Abbildungen demonstriert.

Rechts: Einzelne Steinplatten entfallen zugunsten einer Pflanzfläche, der Weg ist unregelmäßig verengt, ohne daß er an Bedeutung verliert.

Unten: Ein breiter Natursteinweg, flankiert von Lavendel, führt auf das Gartentor zu.

Rechte Seite: Viele Details aus dem Garten von York Gate in England, wie die Pflasterung an der Hauptachse, sind im wesentlichen auf kleine Gärten übertragbar. Der Kiesweg mit dem in Rauten und als seitliche Einfassung in einzelnen Reihen verlegten Großsteinpflaster zieht das Rondell mit dem runden Fenster optisch zusammen.

Während ein 3 m breiter Hauptweg zu einem Herrschaftsgarten paßt, ist eine Breite von 1,50 m geeignet für einen Hausgarten, so wie der leicht geschwungene Kiesweg, der einen Gartenteil mit dem nächsten verbindet.

Links: Zwischen Sauerampferbeeten, gerahmt mit Lavendel, ein schmaler Kiesweg. Die Farbe des Kieses hängt von dem verwendeten Gestein ab, hier ein goldener Kalkstein.

Allein durch Verlegungsart und Kombination des Bodenbelags wird ein schmaler Nebenweg zum wichtigen Gestaltungselement erhoben. Einzelne Platten, als Raute verlegt, und jede mit einem Schriftzug versehen, führen eingebettet in einen Rasenweg auf die Blickachse zu.

Um die Breite zu betonen, hilft die Verwendung eines kleinformatigen oder riegelformatigen Materials, verlegt im rechten Winkel zum Wegeverlauf, eine oft als Gestaltungstrick angewendete optische Täuschung.

Unter allen Wegen sollte der Hauptweg eingefaßt sein, um die Wertigkeit zu betonen. Bodenornamente und Ausweitungen sind hier anzubringen. Vom Hauptweg gehen die schmalen Nebenwege ab, die eindeutig eine Stufe schmäler sein sollten. Zwei Drittel der Breite ist dafür ein gutes Maß. Während Haupt- und Nebenwege mit dem gleichen Belag verlegt werden können, sind die untergeordneten Wege zurückhaltender zu gestalten: Stichwege zweigen vom Haupt- und Nebenweg ab, schmale Pfade, die nur gelegentlich begangen werden, ins Beet oder zu einem weiter hinten liegenden Teil des Gartens. Ohne Einfassung, genügt eine Plattenbreite für diese Wege, gerade ausreichend für eine Schubkarre. Ebenso verhält es sich mit Wirtschafts- und Pflegewegen, die in der Gesamtanlage nicht aufdringlich sein sollten; im Nutzgarten als schmale Wege zwischen den Beeten, in der Waldzone als Spuren.

Statt längs verlegt, sitzen die Kiesel wie Eier eng an eng – nicht zum Begehen, sondern rein zum Anschauen.

Trampelpfade sind etwas für Entdecker und Forscher, gleichermaßen beliebt bei Kindern und Erwachsenen. Sie entstehen durch häufiges Begehen, einfache Spuren in festgetrampelter Erde. So stark war die Erinnerung an das Unkrautzupfen auf den streng gegliederten Kieswegen des Elternhauses, daß eine Galeristin, sobald sie Haus und Garten übernommen hatte, alle Wege einfach zuwachsen und ein Netz von Trampelpfaden durch den Garten entstehen ließ. Die Konvention des Weges war verbannt, das freie Begehen gefordert. Ganz im Gegensatz dazu stehen Zierwege, die nicht zum Begehen, sondern ausschließlich zum Betrachten und zur Verschönerung dienen. Als ein wichtiger Bestandteil von Parterres ziehen sich farbige Kiesbänder durch die Buchshecken; Muster, die als Gesamtgartenkunstwerk wirken. Sollte ein Weg überhaupt nicht in Erscheinung treten oder gar versteckt sein, kann man ein Gestaltungselement der englischen Gartenkunst anwenden: Der Weg liegt niedriger als die angrenzende Fläche, gewissermaßen als Furche, und aus der Ferne wirkt es, als ob die Fläche – meistens Rasen – einfach weiterfließt.

Die Wegbreite hängt vom Benutzungsgrad ab: Je häufiger ein Weg begangen wird, desto breiter und dominanter wird er im Gartenbild.

Links: Als Abkürzung zwischen zwei streng gehaltenen Nebenwegen ist dieser Trampelpfad entstanden, statt nackter Erde ist er mit gebrochenem Steinmaterial bedeckt.

Wege, die – wie auf dem mittleren Bild – wenig benutzt werden, nehmen das Aussehen von Trampelpfaden an. Die Pflanzen breiten sich aus, engen den Weg ein, die sanften Ränder passen zum romantischen Blumengarten.

Rechts: Völlig ausreichend ist dagegen der weniger als 50 cm breite Wirtschaftsweg im Topfgarten.

Die Vollendung des gepflanzten Weges; vom breiten Weg bleibt nur eine Spur im Blütenteppich von Storchschnabel und Sonnenröschen.

Farben und Führung: Momentaufnahme einer vollendeten Gestaltung. Die teils gebauten, teils durch abgefallene Blüten von selbst entstandenen Streifen führen auf die Blickachse zu.

Der Weg zur Haustür

Zwischen Gartenzaun und Haustür liegt die am meisten begangene und betrachtete Fläche im gesamten Garten. Völlig im Rampenlicht, ist der Weg eine Visitenkarte für das Interieur des Hauses. Was sich im Inneren des Hauses abspielt, ist für den Außenstehenden nicht zugänglich, der Vorgarten aber liegt auf dem Präsentierteller, offen für Kritik und Lob. Wenn gespart wird, dann sollte das nicht gerade an dieser Stelle geschehen. Umgekehrt sollte die Fläche auch nicht überzogen oder zu verspielt wirken. Ein Allerlei aus gescheckten Mustern oder zu sehr bearbeiteter, polierter Stein mit der Anmutung von Friedhof sind zu vermeiden. Die goldene Mitte ist gesucht, eine ausgewogene Gestaltung, die den Besucher und den Hausherrn würdig begrüßt.

Oft bereitet die Vorgartengestaltung größtes Kopfzerbrechen. Wer wenig Platz hat, kann wie oben Stellplatz und Hauseingang kombinieren; durch einen ordentlichen Bodenbelag funktioniert die platzartige Lösung gut als Vorfeld zum Haus.

Rechts: Eine eindeutige Führung zum Hauseingang löst das Problem eines zurückgesetzten Eingangs.

Unten: Einladend und großzügig führen breite niedrige Natursteinstufen vom Gartentor zum Hauseingang.

Sogar die kleinste Fläche läßt sich gestalten. Drei Varianten, die eine persönliche Note verleihen:

Von oben nach unten: Eine Natursteinplatte als Fußmatte, eingerahmt von bräunlichem Kieselpflaster,

eine kleine Abgrenzung von halböffentlichem und privatem Raum.
Die Stufe vor der Haustür ist durch eine einzelne Reihe aus dunklen Kieselsteinen markiert, der Auftritt selbst durch ein Sternmotiv zu etwas Besonderem deklariert.
Diagonal verlegte Kieselsteine führen zum Hauseingang hin.

Die Visitenkarte gleich am Eingang gibt den Ton an, der im Hausinneren zu erwarten ist. Die Gestaltungsmöglichkeiten von Schmuckpflaster sind kaum auszuschöpfen und bieten für jeden etwas Besonderes.

Im Sommer ist sie einladend, aber auch wenn das Mobiliar weggestellt wird, bleibt die Fläche im Kreismuster interessant und ansehnlich, wichtig im Hinblick auf Regentage und die langen Wintermonate.

Das Traufpflaster

Ursprünglich als notwendiger Schutzstreifen aus Bruchsteinen oder plattenartigem Material vorgesehen, direkt an den Sockelbereich des Hauses angrenzend, ist das Traufpflaster auch heute noch von Bedeutung. Nach wie vor dient der mindestens 50 cm breite Streifen zum Schutz der Fassade vor Bodenfeuchtigkeit und Spritzwasser.
Gestalterisch gesehen bildet das Traufpflaster einen sauberen Abschluß des Hauses, den Übergang zwischen Gebautem und Garten. Das Haus scheint aus dem Pflaster zu wachsen. Leider ist diese Zone allzuoft »Niemandsland« rund um das Haus. Ein liebloser Kiesstreifen, zweckmäßig und gestaltungslos, weit entfernt von den historischen Beispielen, die fast die Form einer Vorplatzpflasterung annahmen. Es muß nicht teures, sondern vielmehr passendes Material sein: ein Belag, der im Einklang mit dem Stil des Hauses und den örtlichen Gegebenheiten steht. Unzählige Vorschläge von Kleinsteinpflaster über Klinker bis hin zu einfachen Betonplatten werten diesen Bereich und damit das Haus auf. Das Pflaster sollte mit einem Gefälle weg vom Haus verlegt werden, damit das Wasser abfließen kann. Unterhalb des Dachüberstandes sind die Lebensbedingungen für Pflanzen schlecht, außerhalb können »Pflanztaschen« im Pflaster vorgesehen werden.

Der Garagenvorplatz

Im Zwiespalt zwischen Notwendigkeit und kostbarer Gartenfläche wird der Garagenvorplatz als Niemandsland und Ödfläche eingestuft. Er ist als Parkquadrat – mal versteckt, mal in vollem Umfang sichtbar – einerseits ein Teil des Gartens und liegt doch außerhalb. Als eine der größten befestigten Flächen im Garten, in der Regel mindestens 15 qm groß, kann er, wenn richtig eingebunden, eine reizvolle Pflasterfläche sein. Neben praktischen Aspekten wie Oberflächenentwässerung, ausreichendem Unterbau und für die Belastung korrekter Materialgröße und Verlegung, lassen sich rechteckige oder quadratische Flächen gut gestalten. Allein eine Umrahmung mit einer einzelnen Zeile aus Pflastersteinen hilft, die Behandlung der Fläche als Platz anstatt als Fahrbahn zu kennzeichnen. Die Fläche kann sowohl streng eingefaßt sein wie auch für eine naturnahe Wirkung locker in die Pflanzung auslaufen und sogar mit Rasenfugen versehen werden. Die oft zahlreich vorhandenen Schachtdeckel und Gullys sollten in die Pflasterung mit eingebunden werden. Von einer einzelnen Zeile aus Pflastersteinen gerahmt, werden die Deckel zu Objekten erhoben.

Terrassen

Ein Haus ohne Terrasse ist wie ein Hund ohne Herrchen, beide gehören einfach zusammen. Nahezu jeder Mensch erfreut sich am Sitzen im Freien, dem Essen »al fresco«. Was wäre ein Sommer ohne das gemütliche Beisammensein auf der Terrasse! Heute ist »Terrasse« ein allgemeiner Begriff für alle Aufenthaltsflächen im Freien – sie muß nur groß genug sein für einen Tisch und Stühle –, ein hochbegehrter Außenraum, eine wahre Erweiterung des Hauses. In seinem Buch »Terrassen und Sitzplätze« (Callwey, München 1993) zeigt Ulrich Timm hervorragende Beispiele für gelungene Terrassen, Gestaltungsvorschläge für alle Situationen von ganz modern bis traditionell.
Nach den Grundüberlegungen zu Standort, Ausmaß und Bezug zur Gesamtanlage muß man sich an die Details machen. Ist die Fläche wirklich groß genug für das Gartenmobiliar? Wie soll der Anschluß an die angrenzende Fläche erfolgen? Welcher Bodenbelag wird ausgesucht? Bei Neubauten ist die Terrasse sehr knapp bemessen, eine Liliputanergröße, die gerade genug Platz für einen kleinen Tisch und zwei Stühle bietet, oft ist es erforderlich, anzustückeln.

Wesentlich sinnvoller ist es, von Anfang an großzügig zu sein – die Terrasse muß nicht die Ausmaße eines Tanzsaales annehmen, aber zur Größe der Familie passen, zu ihrer Gastfreundlichkeit und ihrer Vorliebe fürs Feiern.

Leider haben wir auch nicht die Vorteile des Mittelmeerklimas, denn die Hälfte des Jahres liegt die Terrasse brach. Wie an einem aufgeräumten Strand steht das eingehüllte Mobiliar in eine Ecke gepfercht. Die Fläche wirkt trist, wenn nichts für das »Winterbild« getan worden ist. Zugegeben, mit Schnee überzogen ist alles brillanter und freundlicher als im Alltagsgrau. Schnee liegt aber nicht immer, und Grau ist auch nicht gleich Grau. Allein eine einzelne Marmorzeile belebt eine Natursteinfläche, wie auch das Abwechseln von dunklen und hellgrauen Steinen. Passend zum Haus kann der Belag einfarbig sein oder fein mit Mosaikstein verlegt samt Bordüre und Füllung wie ein Perserteppich.

Durch die geringfügige Belastung kann jedes Material in jeder Verlegungsart verwendet werden. Zu beachten ist, daß die fertige Fläche eine ebene, stabile Stellfläche für Tische und Stühle bilden sollte. Große Fugen wie auch Steine mit rauhen und unebenen Oberflächen sind ungünstig.

Die Terrasse soll nach einem Regenschauer schnell abtrocknen können, notwendig dafür sind ein vom Haus weg gehendes Gefälle und ein wasserdurchlässiger Unterbau und Belag.

Details und Verarbeitung sind wichtig: Schachtdeckel und Gullys müssen alle in die Fläche integriert werden. Egal, welches Material verlegt wird, diese Elemente müssen fachgerecht mit einer Reihe von Steinen eingefaßt werden. Beim Wechseln des Verlegemusters ist mindestens eine Reihe Steine als neutraler Abstandshalter zu verlegen. Naturstein, Beton, Klinker und Ziegelpflaster müssen eingefaßt werden.

Jedes verlegte Muster ist auf geometrischen Prinzipien aufgebaut, die klar ablesbar und ordentlich verlegt sein sollten. Auch die sogenannten »wilden« Verbandsarten haben ein erkennbares System, solche ohne System oder Geometrie sind hier tabu.

Bei Kiesflächen, wassergebundenen Decken und Rasenflächen sind regelmäßige Pflegegänge notwendig, um die Schönheit zu erhalten. Während langer, heißer und trockener Perioden ist es ratsam, die Fläche abzuspritzen, am besten abends oder am frühen Morgen, damit das Wasser nicht sofort verdunstet. Auf Kies und wassergebundenen Decken wird dadurch der Staub reduziert, für den Rasen ist das Wasser lebensnotwendig. Das Spritzen sollte auf viel verwendete Flächen beschränkt werden.

Sitzplätze und Stellflächen

Versteckt und geschützt, bieten Sitzplätze ein Refugium im Garten; ob mit einer Pergola überdacht, im Schatten eines Baumes oder als reiner Sonnensitz, laden die einzeln stehende Sitzbank oder ein Gartensessel zum Verweilen ein. Die Belagsart steht erst an zweiter Stelle, dennoch sollte auch die kleinste Fläche – viele sind kleiner als zwei Quadratmeter – im Einklang mit der Gartenstimmung stehen. Oft genug reicht eine Kiesfläche aus, da Kunstwerke am Boden hier fehl am Platz sind.

Für den beweglichen Sitzplatz, der mit der Sonne durch den Garten wandert, jahreszeitlich bedingt ist und lediglich eben und trittfest sein muß, ist Rasen ideal. Im Gegensatz zu Kunst- oder Gartenobjekten, die präsentiert werden, braucht die Sitzecke nicht immer einen ausgewiesenen Platz. Die Objekte fordern jedoch einen angemessenen Rahmen, dazu gehört eine passende Stellfläche. Etwas größer als das Objekt selbst, sollte sie wie ein Podest wirken, auf dem Urne, Topf, Statue oder Brunnen ausgestellt sind.

Wie groß die minimal notwendige Stellfläche für Tisch und Stühle ist, hängt selbstverständlich von den Möbeln ab; dennoch ist es möglich, Richtwerte zu erstellen:

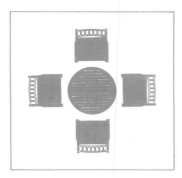

3 × 3 m für einen runden Tisch ⌀ 90 cm und 4 Stühle

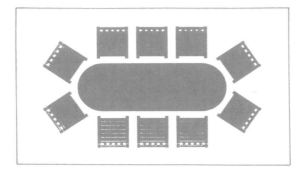

5 × 3 m für einen ovalen Tisch mit Platz für 10 Stühle

3,8 × 3,8 m für einen runden Tisch ⌀ 130 cm und 7 Stühle

Zu diesen Minimum-Maßen muß etwas Fläche von je 1 m in Länge und Breite hinzugerechnet werden, denn ein einzelner Sessel, ein Grill oder Servierwagen sollten auch Platz haben. Die goldene Regel lautet, daß man den Platz nie zu knapp bemessen sollte.

Um jede Blickrichtung und jeden Sonnenstrahl genießen zu können, muß die Fläche groß genug sein, daß die Sitzbank beliebig gestellt werden und daß zusätzlich noch Bestuhlung hinzugefügt werden kann.

Der für den Garten typische Sitzplatz ist leicht erhöht, eingebettet in Pflanzen mit einem niedrigen Rückenschutz und trotzdem offen für den Rundumblick. Es müssen nicht nur Pflasterung und Bodenbelag zum Gestaltungsstil passen, sondern auch das Mobiliar, wie hier eine leichte, filigrane Metallbank.

Die Terrasse wird zum voll möblierten Außenraum samt Dekoration. Sie umgibt das Haus als allseits begehbare und nutzbare Wohn- und teils überdachte Aufenthaltsfläche.

Links: Der Übergang zwischen Terrasse und Garten ist beispielhaft gelöst mit einer grünen Rasensteinbrücke. Die Terrasse ist groß genug, um eine Vielzahl von Aktivitäten zuzulassen, der Belag selber zurückhaltend und zweckmäßig.

Oben: Am Ende des Gartens ein überdachter, rustikal gehaltener Sitzplatz, ein beliebter Rastplatz auch bei Regen. Wer genau hinschaut, merkt, daß die runde Form des Bodenbelages mit der Dachform übereinstimmt.

Nicht jeder Sitzplatz muß ausgewiesen sein, der freibewegliche Sitzplatz im Grünen, im Schatten der Bäume oder in der prallen Sonne für den gelegentlichen Aufenthalt hat viele Vorteile.

Gartentreppen, die aus dem Rasen herauswachsen: Die Stufe selbst besteht aus dünnen Natursteinplatten, hochkantig eng an eng gestellt und teilweise

mit Polsterpflanzen zugedeckt.

Gartentreppen

Treppen sind viel mehr als nur eine praktische Methode, um von einer Ebene auf eine andere zu kommen, sie sind wichtige Gestaltungselemente. Egal, welches Ausmaß sie annehmen, ob grandiose Treppenanlagen oder bescheidene Treppchen, ziehen sie Blicke auf sich. Sie können der Mittelpunkt des Gartens sein, der Eingang, von dem aus sich alles entfaltet. Ohne Frage gehören Treppen zu den schwierigsten gebauten Teilen im Garten, sie sollten selbstverständlich wirken, sich in die Gesamtanlage einfügen und dennoch ein besonderes Gestaltungsmotiv bilden. Nicht nur das fertige Aussehen, sondern auch der Unterbau verursachen Unerfahrenen Kopfzerbrechen. Das beste Beispiel des »Treppensyndroms« ist bei neu gebauten Einfamilienhäusern zu sehen: Hoch sitzende Terrassen schweben über dem Garten. Alle Variationen von der Hühnerleiter bis zur kompletten pseudobarocken Anlage mit Balustrade sind anzutreffen. Trotz aller Mühe »sitzt« keine dieser Treppen. Anhand von einfachen Regeln ist eine funktionsgerechte und optisch befriedigende Lösung möglich. Grundsätzlich geben Baustil und Baumaterial des Hauses die Art und Anbringung der Treppe an. Dennoch ist zwischen einem architektonischen Garten mit gewissen strengeren Vorgaben und naturnahen oder landschaftlichen Gärten zu unterscheiden. Eine kurze Einführung in die Treppensprache ist hilfreich, um einen Überblick über die einzelnen Komponenten einer Treppe zu bekommen und die unterschiedlichen Treppenarten kennenzulernen: Die Antrittstufe ist die erste Stufe, der Austritt die letzte. Der Auftritt ist die waagerechte Oberfläche, auf die man tritt, Steigung bedeutet die Stufenhöhe, und die Treppenwange ist die seitliche Einfassung der Treppe.

Am wichtigsten ist das Steigungsverhältnis, das heißt die Tiefe des Auftritts zur Höhe der Steigung. Die Proportion muß stimmen und bequem zu begehen sein. Im Gegensatz zu Treppen im Haus müssen Gartentreppen niedrige Steigungen und tiefe Auftrittsflächen haben. Auf keinen Fall können Innenmaße nach außen übernommen werden. Die Berechnung der Verhältnisse geht von einer Schrittlänge von 65 cm aus, danach wurde die Faustregel

h (Höhe) + h + b (Breite) = 65 cm

festgelegt. Alle Variationen davon sind möglich, wobei die minimale Stufenhöhe 10 cm, die maximale 20 cm betragen sollte, da zu hohe Stufen unbequem und anstrengend sind, zu niedrige aber Stolperstellen gleichen; am angenehmsten liegen Höhen zwischen 12 und 15 cm.

Von Stufe zu Stufe muß das Steigungsverhältnis gleich sein. Die Anzahl der Stufen ergibt sich aus der Höhe, die zu überwinden ist, wobei ein Mindestgefälle von 2% pro Auftritt zu berechnen ist. Nicht außer acht zu lassen ist die Gesamtlänge oder Abwicklung der Treppen. Bei großen Treppen kann sie beachtlich sein, ein gerader Verlauf parallel zum Gelände ist unter Umständen aus Platzgründen nicht möglich.

Die Breite ist beliebig, wobei sie mindestens 70 cm betragen sollte. Im allgemeinen ist man besser beraten, die Breite großzügig auszuführen, denn seitlich überhängender Bewuchs verschmälert die Treppen, außerdem können Restflächen auch als Aufstellflächen für Topfpflanzen und Objekte dienen. Gartentreppen müssen vor allem sicher sein. Eine stabile Bauweise verhindert, daß Stufen wackeln oder kippen. Die Auftrittsflächen müssen rutschfest sein – problematisch vor allem bei Holz. Bei längeren Treppen ist ein Geländer unbedingt erforderlich, das aber auf keinen Fall als Rankhilfe für Pflanzen mißbraucht werden soll.

Die aufgeführten Treppentypen, gegliedert nach Konstruktionsmethoden, die sich jeweils nach der Ausführung der Stufen selbst ergeben, gelten für alle Materialien und Kombinationen. Pflastersteine sollten nur für das Auspflastern der Flächen hinter der Stufe verwendet werden und nicht für die Stufe selbst.

Rechts: Eine freistehende Holztreppe schwebt über der Pflanzung. Seitliche Geländer sind auch bei kurzen Treppen dieser Art unbedingt notwendig.

Linke Seite: Alte Kalksteinstufe mit Patina und Pflanzenbewuchs.

Unten: Der Treppenansatz wird mit flankierenden Urnen zelebriert, die den gesamten Treppenlauf in regelmäßigen Abständen begleiten. Auf halber Strecke ein Podest als Unterbrechung und Verlängerung der Treppe.

Oben: Die unendliche Treppe, anfangs breit und aufwendig, verläuft sich im Wald. Das Geheimnis der Gestaltung liegt in der durchgehenden Verwendung eines Materials, im Einhalten der Mittelachse und dem flatternden Rand des unteren Treppenteils.

Solide Blockstufen-»Treppchen«, von einer Ebene zu einer anderen, eingebunden in die Terrassenmauer, funktionell und ohne höheren Gestaltungsanspruch.

Links: Die Einbindung in die Umgebung ist wichtig. Eingebettet in die Wiese, »sticht« die Treppe nicht unangenehm hervor. Die Legstufen besitzen eine Leichtigkeit, die besonders passend ist.

Unten: Im Schattengarten sollten die Stufen nicht unbedingt eine Baumaßnahme sein, sondern natürlich und zweckmäßig. Der Rindenmulch der Abdeckung geht in den Weg über, die Stufen werden durch einfache Äste gebildet.

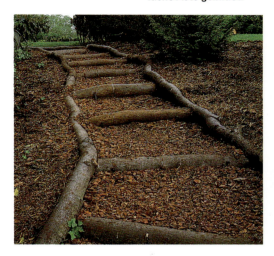

Rechts: Wieviele Aspekte bei der Treppengestaltung berücksichtigt werden müssen, ist in diesem Beispiel gut zu sehen: vom gestalterischen Hell-Dunkel-Kontrast zwischen Kies und Bahnschwellen über das Weiterführen des starken waagerechten Elements der Pergola bis hin zur Treppenbreite und zum angenehmen Steigungsverhältnis.

Blockstufen

Gebaut aus vollen Stücken Naturstein, Beton oder Holz, versetzt übereinander aufgebaut, bilden Blockstufen eine stabile und haltbare Treppe. Breite Treppen bestehen aus mehreren, in der Regel 100 cm bis 150 cm langen, eng an eng gesetzten Blöcken. Der Auftritt sollte mit leichtem Gefälle von 2% bis 4% gelegt werden, um das Wasser abfließen zu lassen. Die Oberfläche sollte nicht zu glatt sein, sondern leicht aufgerauht, bei Naturstein zum Beispiel ein paar Zentimeter von der Vorderkante scharriert, um einen besseren Halt zu geben. Betonblockstufen in Längen von 80 bis 100 cm und einer Höhe von 15 cm sind als Fertigware im Handel erhältlich. Die früher häufigen Treppen aus Bahnschwellen sind wegen unumstrittener Schadstoffbelastung und wegen der Rutschgefahr bei Nässe heute eher mit Vorsicht zu betrachten. Wer Sicherheit und Langlebigkeit preist, dem sei geraten, Naturstein mit leicht aufgerauhter Oberfläche zu verwenden. Gebrauchte Naturstein-Bordsteine sind eine interessante kostengünstige Alternative zu regulären Blockstufen.

Legstufen

Eine zweiteilige Konstruktion, bestehend aus Stufenplatten von 5 bis 8 cm Stärke, die mit leichtem Überstand auf einen Block aus demselben Material gelegt werden, dessen Maß von der Endhöhe der Stufe abhängt. Es kann sowohl Beton als auch Naturstein und Klinker verwendet werden. Wunderschöne Beispiele von Legstufen mit hervorragend profilierter Stufenvorderkante, gerundet oder mehrfach profiliert, sind aus historischen Anlagen bekannt. Die besonders elegante Stufenart bekommt durch die Schattenwirkung der hervorstehenden Platten einen eigenen Reiz.

Stellstufen

Eine ausgesprochen landschaftliche Lösung, bestehend aus senkrecht eingesetzten Platten und aufgefülltem oder ausgepflastertem Auftritt. Die Treppe ist nicht besonders standfest, mit der Zeit lockern sich die Platten und neigen sich nach vorne. Deshalb ist diese Treppenkonstruktion eher für gelegentliches Begehen geeignet. Eine Variation sind Treppen aus Holzpfählen, je nach Treppenbreite aus beiderseitig eingesenkten Pfählen, hinter die der Breite nach aufeinandergelegte Holzpfähle oder -stämme mit oder ohne Baumrinde geschichtet sind. Mit der Zeit lockern sich die Stufen und müssen regelmäßig gepflegt werden. Ein zusätzlicher Nachteil ist, daß die Hinterfüllung durch heftige Regengüsse ausgespült wird.

Einseitige Stufen

Ein seltener Stufentyp, der aus einer Natursteinmauer herausragt. In die Mauer eingebettet, schweben die leicht unterschiedlichen Auftrittsflächen in unterschiedlichen Höhen übereinander. Diese Treppe besteht selten aus mehr als sechs Stufen. Sie ist eher als Zusatztreppe, nicht aber als Haupttreppe einzusetzen und primär in Verbindung mit Trockenmauerbau zu finden.

Schrittstufen

Gekennzeichnet durch langgestreckte Stufen mit großer Auftrittsfläche, die sehr bequem zu begehen ist; wegen ihres Flächenanspruchs selten im Garten, sondern eher in Parkanlagen oder für kurze Treppenläufe verwendet. Es ist eine beliebte Treppenform, die man in den Altstädten im Mittelmeerraum findet, wo nicht nur Fußgänger, sondern auch Esel und Pferde die Treppen benutzen.

Podeste

Podeste, Unterbrechungen in einer Treppenflucht, sind nicht nur aus gestalterischen, sondern auch aus technischen Gründen und wegen der Bequemlichkeit notwendig. Lange Treppenfluchten sind einfacher zu begehen, wenn sie in regelmäßigen Abständen (normalerweise zwei- bis dreimal) von einem Podest unterbrochen werden. Dagegen spricht die enorme Länge, die benötigt wird und die, gerade bei stark ansteigendem Gelände, in den meisten Fällen nicht zur Verfügung steht. Wechsel in der Richtung einer Treppe sind nur durch Podeste zu erreichen, in diesem Fall kann ein Podest Ausguck und Sitzplatz zugleich sein. Die Breite der Podeste entspricht der Treppenbreite, die Tiefe richtet sich nach dem Schrittmaß.

Rampen

Rampen sind sowohl bequem zu begehen als auch zu befahren, sollten jedoch für Rollstuhlfahrer und zum Schubkarrenschieben nicht mehr als 6% Steigung haben. Im Garten ist es eher unüblich, Rampen zu bauen. Sie benötigen so lange Abwicklungen, daß der gesamte Gartenraum dafür verwendet wird. Lediglich bei Hanggrundstücken, die nicht besonders steil sind, könnte der Einbau eines ansteigenden, gewundenen Weges möglich sein. Rampen neben Treppen – wie es im Belvedere in Wien zu sehen ist – sind unüblich und erfordern hohe gestalterische Fähigkeiten. Glücklicherweise tritt dieser Fall selten im Garten auf. Als Zwischenlösung ist eine Kombination von Stufen und Rampen mit 6% Gefälle eine interessante Möglichkeit, die Höhe zu überwinden. Dabei ist auf eine bequeme Verteilung zu achten.
Blockstufen oder Legstufen bedingen einen stabilen und fachmännisch ausgeführten Unterbau. Bei großen Treppen ist eine Treppenvorprofilierung nötig, wobei Form und Ausmaß der Treppen in Beton – je nach Größe mit Bewehrung und statischer Berechnung – vorgegeben werden. Auf dieser Grundlage werden Stufen im Mörtel verlegt. Auch bei kleineren Treppen ist es empfehlenswert, die unterste Stufe auf ein Fundament zu setzen.

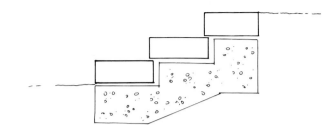

Vereinfachte Schemaschnitte durch die verschiedenen Typen von Stufen, bei gleichbleibender Stufenhöhe und -tiefe.

Von oben nach unten: Blockstufen, Legstufen, Stellstufen und Schrittstufen. Ein Betonfundament kann je nach Anzahl der Stufen einzeln oder über die gesamte Länge notwendig sein.

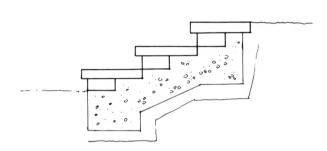

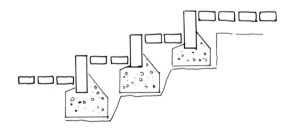

Linke Seite: Nicht jede Stufe ist zu betreten: Im Bild zwei Stufen als Gestaltungselement zu einem beschaubaren, aber nicht begehbaren eingesenkten Garten.

Selbstverständlich eignen sich Klinker und Ziegel, in der Regel hochkant verlegt, als Baumaterial für Treppen. Wie die Bilder beweisen, gibt es vielseitige Möglichkeiten:

Rechts: Die obere Hälfte einer langen Treppenflucht mit niedrigen seitlichen Betonwangen statt einem Geländer, ergänzt durch eine hohe Hecke.

Rechts außen: Gartentreppen sollten, wenn Bäume und Sträucher angrenzen, breiter gebaut werden als optisch gewünscht. Die Pflanzen engen den Raum ein, Restflächen dienen als Stellplatz für Töpfe.

Unten: Im Einklang mit dem Baumaterial des Sockels wachsen die allseits begehbaren Treppen aus Klinker-Blockstufen aus dem Boden heraus.

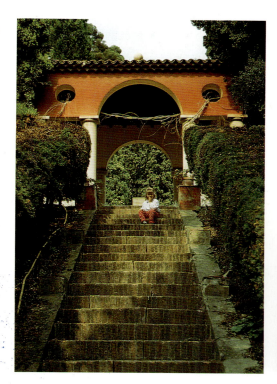

Die Stufe als Pflanzfläche, ein interessantes und durchaus nachahmbares Detail. Nicht nur Efeu ist geeignet, wie hier im Bild, sondern jede niedrige und flach wachsende Pflanze, die regelmäßigen Schnitt verträgt, wie zum Beispiel Cotoneaster congestus.

Oben: Bei Richtungswechsel ist ein Podest einzuplanen. Die Schattenwirkung der Legstufen kommt gut zur Geltung.

Links: Auf Schrittstufen, die eine Kombination aus Rampen und Stufen sind, kann man im Garten praktisch mit dem Schubkarren von einer Ebene zur anderen gelangen.

Rechte Seite: Es ist nicht immer gewünscht, daß eine Treppe das Gartenbild dominiert. Schmale Legstufen sind besonders schwierig zufriedenstellend zu gestalten, allzu oft sehen sie eher wie Hühnerleitern aus. Hier ein herausragendes Beispiel.

Unten: Naturstein in Harmonie: Stufen, Mauer, Bodenbelag und Ornament passen zusammen und erzeugen eine besondere Stimmung.

Rechte Seite: Pflaster und Pflanzen strahlen das Ambiente eines südfranzösischen Gartens mitten in London ab. Wenn alles aufeinander abgestimmt wird, sind solche Täuschungen möglich.

Auswahlkriterien für den passenden Belag

Aus dem umfangreichen Angebot und verlockenden Beispielen das richtige Pflaster auszuwählen, ist schwierig. Faustregeln erleichtern die Arbeit, helfen bei der Überprüfung der Eignung eines Pflasters für den eigenen Garten. Obwohl die meisten Beläge nach ihrer optischen Erscheinung ausgesucht werden, spielen andere Aspekte eine ebenso wichtige Rolle. Neben logischen Überlegungen wie der Beanspruchung des Pflasters und der Kosten stehen auch ökologische Gesichtspunkte wie die Wasserdurchlässigkeit an gleichwertiger Stelle. Die Bündelung aller Anforderungen an den Belag in einer Art Fragebogen kann den Entscheidungsprozeß beschleunigen. Die aufgeführten Punkte sollen lediglich als Wegweiser auf der Suche nach dem »idealen« Pflaster dienen.

Von Stimmung und Stil

Die goldene Regel lautet, örtlich vorkommendes Material zu verwenden: In Gegenden mit Klinker Klinkerpflaster, in natursteingeprägten Landschaften die jeweilige Gesteinsart. Denn das »heimische« Material fügt sich in die Umgebung besser ein. Nach der geographischen Verteilung gibt es eindeutige Natursteingegenden zum Beispiel in Süddeutschland, mit Ausnahme der Klinkerinsel um Landshut, und Klinker- bzw. Ziegelgegenden in Norddeutschland.

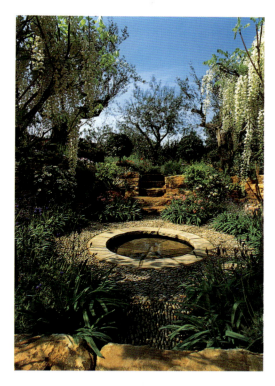

Obwohl das Argument des kostengünstigeren Transports nicht mehr zutrifft, ist preisgünstige Ware, insbesondere gebrauchtes Material, möglicherweise direkt vor Ort zu finden. Diese traditionelle Verteilung von Materialien sollte nicht ignoriert werden, Tradition ist nicht gleichbedeutend mit altmodisch. Moderne Lösungen sind durchaus mit sogenannten »traditionellen« Materialien möglich. Viele davon sind Klassiker, Dauerbrenner, die in jedem Gestaltungsstil ihren Platz haben. Weiterhin beeinflußt der Standort die Auswahl. Ländliche Situationen sind anders zu behandeln als städtische. Während ein eher rustikales, lockeres, landschaftsgerechtes Material auf dem Land richtig ist, können die Verwendung von exotischen Materialien oder eine gewagte Gestaltung in städtischen Vierteln besonders gelingen. Gerade Beton wirkt auf dem Land fremd, in der Stadt bekommt er eine andere, eigenständige Ausstrahlung.

Der Baustil des Hauses und das Baumaterial sind wichtige Weichen für die Auswahl des Pflastermaterials. Kontraste zwischen Modern und Alt sorgen für Spannung, gelingen aber nur von der Hand eines Meisters. Wesentlich vernünftiger ist es, das Baumaterial des Hauses als Leitthema zu übernehmen und es in Wegen und Terrassen im Garten widerzuspiegeln. Ebenso lassen sich Ornamente und Verzierungen der Hausfassade in die ebenerdige Fläche aufnehmen. So werden Verbindungen zwischen Bauwerk und Freiraum geschaffen.

Die Stimmung im Garten wird vom Bodenbelag mit geprägt. Gerade im Winter bringen die Bodenbeläge Farbe und Interesse in den Garten. Der Garten soll als Gesamtwerk wahrgenommen werden. Das Pflaster sollte von Anfang an richtig »sitzen« und sich in den durchgehend eingehaltenen Stil einfügen. Dazu gehört das richtige Pflaster für den Gartenstil, zwischen Kies- und Klinkerwegen liegen große Unterschiede. Im Grunde können die Beläge in strenge und lockere gegliedert werden. Die »strengen« haben Kanten und sind bearbeitet, hierzu zählen alle Pflastersteine, Platten in regelmäßigen Formaten und Holz. »Locker« dagegen sind die Kiese, Rasenpflaster, Bruchsteine und Kieselsteine.

Benutzung und Beanspruchung

Besonders wichtig sind die Benutzung und Beanspruchung der Fläche. Nicht alle Materialien und Formate eignen sich für das Befahren, auch wenn es nur gelegentlich ist. Mosaik- und Kieselpflaster sind reine »Fußbeläge«, Verschiebungen, Dellen und Verzerrungen sind die Ergebnisse beim Befahren mit schwerem Verkehr. Für den Garten ist die Beanspruchung berechenbar und bekannt. Es ist nicht zu erwarten, daß eine Terrasse oder ein Gartenweg mit einem Pkw befahren wird, höchstens von Mähmaschinen, dennoch ist es sinnvoll, für alle Eventualitäten vorzusorgen. Die Abstufung der Belastung reicht von:

– schwerem Verkehr (ständiges Befahren mit Pkw, Lkw) über
– mittelschweren Verkehr (Befahren mit Pkw, gelegentlich mit Lkw) bis hin zu
– leichtem Verkehr (zeitweises Befahren mit Pkw bzw. ruhender, d. h. parkender Verkehr; Radfahrer und Fußgänger).

Nicht nur die Stärke des Unterbaus, sondern auch die Art der Verlegung des Pflasters hängen von der Verkehrsbelastung ab. Ein fachgerecht ausgeführter stabiler Unterbau ist wichtig für den oberen sichtbaren Belag. Er dient als wasserdurchlässige Grundlage, zur gleichmäßigen Verteilung des Gewichts und auch dazu, Verwerfungen bei Frost zu verhindern. Unebenheiten in einer Fläche,

Altes Pflaster bekommt im Garten eine neue Ausstrahlung. Fugenbewuchs und teilweise Verdekkung durch Pflanzen, hier Frauenmantel, ist gewünscht.

gekippte Steine oder Dellen sind in der Regel auf einen unfachmännischen und unzureichenden Unterbau zurückzuführen. Mit Ausnahme von Garagenzufahrt, Stellplätzen und der Zufahrtsstraße bei größeren Anwesen, die alle mittelschweren Verkehr tragen müssen, sind die befestigten Flächen im Garten unter »Belastung mit leichtem Verkehr« einzustufen.

Größe und Proportion

Die Größe und Proportion der Fläche beeinflussen die Wahl des Bodenbelags. Klare geometrische Formen verlangen nach einem anderen Belag als fließende organische Flächen. Ungünstige Zuschnitte von Terrassen und Wegen bekommen eine besondere Wirkung durch optische Täuschung: Spielereien mit Perspektiven sind mit Klinkerpflaster leicht machbar. Kleine Flächen erscheinen größer, wird kleinformatiges Material verlegt. Hier ist es auch wichtig, das Verhältnis zwischen Fuge und Pflaster wie auch die Größe der Pflastersteine und Verlegungsmuster zu beachten.

Die Sache mit dem Stöckelschuh

In öffentlichen Anlagen wird die Gehbequemlichkeit sehr hoch angesetzt. Viele kritisieren am Natursteinpflaster die Unebenheit und die Gefahr, mit hohen Absätzen steckenzubleiben. Daß dies auf schlechtes Verlegen zurückzuführen ist und nicht auf alle Pflasterflächen zutrifft, ist eine wenig bekannte Tatsache. Im Garten kann gerade das Erlebnis des Gehens auf unterschiedlichen Bodenbelägen ein Reiz sein: Kontraste zwischen knirschendem Kies, glattem Klinker und weichem Rindenmulch. Dennoch sind weder wackelnde Tische wünschenswert, noch, daß man sich die Zehen an hochstehenden Platten oder Steinen stößt.

Pflaster und Versickerung

In vielen Städten und Gemeinden wird die Verwendung von versickerungsfähigen Bodenbelägen verlangt, eine Selbstverständlichkeit, die allen einleuchten sollte: Oberflächenwasser, das weder verschmutzt noch belastet ist, muß wieder in den Wasserkreislauf zurückgeführt werden. Zu den versickerungsfreundlichen Belägen gehören Pflaster und Platten aus Naturstein, Klinker und Beton, selbstverständlich auch Kies. Im Gegensatz zu Betonsteinen, die aufgrund ihrer Porosität geringfügig wasserdurchlässig sein können, versickert das Regenwasser bei Natursteinpflaster ausschließlich über die Fugen. Ein besonders hoher Fugenanteil ist deshalb von Vorteil. Wichtig ist außerdem die Verlegung auf einen Unterbau aus grobkörnigem Material, damit das versickerte Regenwasser in das Grundwasser abfließen kann.

Senkrecht und waagerecht verlaufende Farbgebung, das Grün an der Hauswand setzt sich in den Fugen des Bodenbelags fort. Nicht nur optisch bereichernd, sondern auch ökologisch gut, denn das Regenwasser kann durch die breiten Fugen wieder ins Grundwasser zurückkehren.

Gebraucht und mit Patina

Nicht nur neues Material frisch aus Steinbruch, Fabrik oder Lager steht zur Verfügung, sondern auch gebrauchte Steine. Ein reger Handel mit solcher »Altware«, unter anderem viel Importware aus Osteuropa, bietet eine Auswahl verschiedener Formate, in der Regel nur in kleinen Mengen. Städte und Kommunen bieten auch gebrauchte Steine an, ein Abfallprodukt bei der Instandsetzung und Erneuerung von Straßen und Plätzen. Alte Sonderformate wie Bischofsmützen, Binder oder Würfel können nur über solche Quellen eingekauft werden, wie auch seltene Mosaiksteinsorten und Klinkerformate für Restaurierungsarbeiten in Denkmalschutzgebieten. Nur gebrauchte Steine haben die notwendige Patina, um sich in die Fläche einzufügen. In Gärten, insbesondere von Altbauten, verleiht gebrauchtes Material die notwendige Stimmung, wirkt sofort und von Anfang an traditionell und vermittelt den Eindruck des Gewachsenen und Dauerhaften, der für viele Gartenanlagen wichtig ist. In England scheut man sich nicht, gebrauchte Ziegelsteine zu verwenden, auch wenn sie nicht gerade billig und sehr »verbraucht« sind, denn man zahlt wie bei jeder Antiquität für den Charakter.

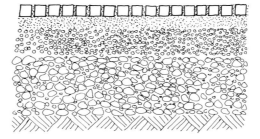

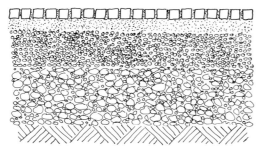

Unterbau bei der Verlegung von Kleinsteinpflaster für schweren Verkehr (Straßen):
- Kleinsteinpflaster 8/10
- Bettung in eine 5 cm tiefe Splitt-Schicht, Körnung ⌀ 2–5 mm
- Unterbau aus mind. 30 cm eingerütteltem und verdichtetem Kies
- Frostschutzschicht aus 30–50 cm in Lagen verdichtetem Kies

Unterbau bei der Verlegung von Kleinsteinpflaster für mittelschweren Verkehr (Parkplätze, Hofeinfahrten):
- Kleinsteinpflaster 8/10
- Bettung in eine 5 cm tiefe Splitt- oder Pflastersand-Schicht, Körnung ⌀ 2–5 mm
- Unterbau aus 20–30 cm eingerütteltem und verdichtetem Kies in Packlage
- Frostschutzschicht aus 30–50 cm in Lagen verdichtetem Kies, Tiefe je nach Beschaffenheit des Untergrundes

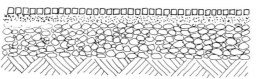

Unterbau bei der Verlegung von Mosaiksteinpflaster für leichten Verkehr (Gartenwege und Terrassen):
- Mosaiksteinpflaster 3/5
- Bettung in 3–5 cm Splitt oder Pflastersand, Körnung 3–4 mm, auf planiertem, festem, wasserdichtem Grund
- Unterbau/Frostschutzschicht aus 20–30 cm verdichtetem Kies; in Gegenden mit gutem wasserdurchlässigen Untergrund (Kies) kann auf den Unterbau verzichtet werden.

Die Grenzen des Selbermachens

Die scheinbare Leichtigkeit, mit der Pflaster verlegt wird, ist verführerisch. Grundsätzlich sollten nur begabte Hobby-Handwerker den Bodenbelag selber verlegen, und auch dann nur unter Vorbehalt. Regelmäßiges, plattenartiges Material ist einfacher zu verlegen als Natursteinpflaster. Eine Kiesdecke auszubreiten oder Rasenwege anzulegen, all das liegt im Rahmen des Möglichen, während das Verlegen von Kieselsteinen ein hohes künstlerisches Können erfordert. Natursteinpflaster, insbesondere aus Klein- und Mosaikstein, sind ausschließlich vom Pflasterer zu verlegen. Nicht ohne Grund dauert die Ausbildung zum Pflastermeister jahrelang, denn er muß Verlegungsarten, Material und Einsatz beherrschen. Verlegemuster sind nach geometrischen Prinzipien aufgebaut, und ähnlich wie bei einem Schnittmuster muß den Konstruktionslinien gefolgt werden, sonst wird die Paßform nicht erreicht. Die Enttäuschung ist groß, wenn nach dem »Einfach-Loslegen«-Verfahren das erzielte Muster nicht zum Vorschein kommt. Wer Wert auf die Selbstausführung legt, muß klare Vorstellungen über seine handwerklichen Fähigkeiten haben und den Bodenbelag entsprechend auswählen.

Unten: Für eine moderne Wirkung wurden geometrische Formen und Muster verwendet bei sparsamer Materialmischung.

Rechts: Die Gestaltungssprache des Hauses kehrt im Garten wieder: Ein bühnenartiges Holzdeck, klar und symmetrisch, das Wasserbecken als eine Verlängerung der Fassade.

Teures Pflaster?

Nach diesen zahllosen Überlegungen wird jeder Planer spätestens bei der Einholung der Preise mit der Realität konfrontiert. Zu oft müssen Kompromisse gemacht, billigere Alternativen gewählt werden. Ideal ist es, die Kostenrechnung auf der Basis von Investitionskosten, Lebensdauer und Pflege aufzubauen. Wie lange hält der Bodenbelag, kann er im Falle einer Änderung der Terrassengröße oder des Wegeverlaufs wiederverwendet werden und wie hoch und teuer ist der Pflegeaufwand? Zahlen zu nennen, ist bei den wechselnden, meist steigenden Preisen wenig hilfreich, die folgende Auflistung von preiswerten bis zu teueren Materialien auf der Basis von Lieferung, Verlegen inklusive Unterbau soll als grobe Richtlinie dienen:

- Rasenweg
- Rindenmulch
- Kies (aus »normaler« Gesteinsart, also nicht gerade Carrara-Marmor)
- Wassergebundene Decken
- Betonplatten
- Holzrost
- Betonpflaster
- Klinkerpflaster
- Natursteinplatten (je nach Gesteinsart schwanken die Materialkosten zwischen erschwinglich und teuer)
- Holzdecken
- Natursteinpflaster (Großstein, Kleinstein, Mosaikstein)

Man sollte nicht vergessen, daß sehr viel von dem Material abhängt; ebenso wie nicht jeder Beton billig ist, sind auch nicht alle Natursteine teuer. Es empfiehlt sich, die Quadratmeterpreise vom fertigen Belag vorher einzuholen und vor allem, sich über die zu pflasternde Quadratmeterzahl im klaren zu sein. Einfassungen sind nicht im Preis inbegriffen und deshalb ein zusätzlicher Kostenfaktor, der per laufenden Meter berechnet wird.

Die Eigenleistung ist nicht immer eine billige Alternative, denn nicht nur das Material, sondern auch das Werkzeug müssen gekauft oder ausgeliehen werden. Rechnet man die Arbeitsstunden dazu, kommt man auf eine beträchtliche Summe. Trotzdem ist der Reiz groß, selber Hand anzulegen, einen bleibenden Beweis des eigenen Könnens zu schaffen oder eine Erinnerung an qualvolle, mühsame Kleinarbeit. Vielleicht ist eine Zwischenlösung sinnvoll, große Flächen vom Fachmann ausführen zu lassen und besondere Verzierungen, Rondells oder Vignetten selbst zu entwerfen oder sogar zu verlegen. Wer Pflaster, insbesondere Klinker- und Natursteinpflaster, als Geldanlage betrachtet, liegt nicht falsch. Es erhöht den Wert und das Ansehen des Grundstücks beträchtlich.

Besichtigen und begehen

Musterflächen, tatsächlich ausgeführte Flächen und Abbildungen sind wichtige Entscheidungshilfen. Kleine Flächen wirken anders als größere, einzelne Musterplatten sehen im Innenraum betrachtet anders aus als im Tageslicht. Scheuen Sie sich nicht vor dem Begehen von Flächen, prüfen Sie, wie gut Gartenmöbel, vor allem Tische und Stühle, stehen. Sammeln Sie selber Erfahrungen und begutachten Sie kritisch, ob Baumaterial und Stil des Hauses zu Material und Verlegungsart passen. Das Ziel ist es, einen Belagstyp auszuwählen, der nicht nur langlebig, sondern auch harmonisch ist und der die Fähigkeit hat, sich den wechselnden Geschmäckern anzupassen.

Mit der Zeit nimmt Naturstein eine Patina an und fügt sich als neutraler angemessener Hintergrund zu jeder Pflanzung in das Gartenbild ein. Der großzügige Natursteinplattenweg ist ideal als Begleitung und Abstandshalter zwischen den üppig blühenden Staudenbeeten.

Naturstein

Unterschiedliche Größen von gebrauchtem Großsteinpflaster, in Reihen verlegt mit 32/36er Granitplatten.

Ohne Frage würde jeder gerne Naturstein in seinem Garten verwenden, aber nicht nur der Preis des Materials selbst, sondern auch der des Verlegens schreckt viele ab. Auffallend unter dem reichen Angebot von Belagsmaterial ist die Anzahl von Natursteinnachahmungen. Alle versuchen, in Aussehen und Widerstandsfähigkeit eine billige Alternative zur echten Ware zu sein. Naturstein ist zum Luxus deklariert, ein nobles bis rustikales Material, das vermeintlich nur in gehobenen Villenvierteln oder schicken Geschäftslagen zu finden ist. Ein Blick entlang der Straße oder in Fußgängerzonen zeigt, daß Naturstein als Belag oder »nur« als Bordstein überall vertreten ist; bescheiden, selbstverständlich und funktionell. Die Verwandlung vom Urbelag, als bruchrauhe Steine wild oder als Trittplatten um das Gebäude gelegt, bis hin zur Kunst am Boden aus sorgfältig verlegtem Pflaster, liegt in der Natur des Materials. Denn die Vielseitigkeit und Anpassungsfähigkeit von Naturstein sind nicht auszuschöpfen. Die Spannweite der Materialpreise reicht von unsortierten Kieselsteinen am unteren Ende der Skala bis hin zu sortiertem Mosaik-Marmorpflaster.

Der Preis hängt von der Gewinnung, der Verarbeitung, der verfügbaren Menge des Materials und der Verlegungsart ab. Für jede Sorte, insbesondere bei den Graniten, gibt es ein ähnliches, aber billigeres Gestein als Alternative. Wichtig bei der Kalkula-

Eine Mosaiksteinpflaster-Materialschau: dunkler Basalt, Grautöne von Granit, rotbrauner Sandstein und violetter Porphyr.

tion der Baukosten sind die Pflege und Lebensdauer. Wer Naturstein legt, sorgt auch für spätere Generationen, das Material behält seinen Wert und kann wiederverwendet werden. Der Pflegeaufwand ist minimal, wenn das Material richtig verlegt wurde. Wenn die Fläche regelmäßig benutzt wird, bleiben die Fugen frei von Bewuchs, wird sie wenig begangen, entwickelt sich ein grüner Schimmer aus Gras, Moos oder Kräutern.

Öfters wird Pflaster allein nach der optischen Erscheinung ausgesucht, nach Farbe und Struktur. Zu bedenken ist auch die Witterungsbeständigkeit, insbesondere Widerstand gegen Frost und Umweltbelastungen sowie Eignung am Standort. Ausgesprochene »Exoten« können den notwendigen Pep liefern, aber ebenso deplaziert erscheinen und für die hiesigen Klimaverhältnisse ungeeignet sein.

Neues rot-braunes Sandstein-Kleinsteinpflaster (Kirtschevit aus Bulgarien), in Segmentbögen verlegt. Karlshofer Weserhartsandstein oder grau bis braun gemaserter Ruhrsandstein ist ebenso zum Pflastern geeignet.

Eine kleine Natursteinkunde

Ein Überblick über die wichtigsten und gängigsten Natursteinsorten, in erster Linie unter den Gesichtspunkten Farbe, Struktur und Eignung für die Verwendung im Außenbereich, kann hier nur als Anhaltspunkt dienen. Wer weitere Informationen benötigt, sollte ein Naturstein-Fachbuch zu Rate ziehen, in dem ausgiebige Informationen über das Entstehen und die Vorkommen der Gesteinsarten wie auch über

Neues gelb-graues Granit-Kleinsteinpflaster, in Segmentbögen verlegt. Da der Stein aus den oberen Schichten abgebaut wird, ist nicht jeder gelbliche Granit hundertprozentig frostsicher.

deren Verbreitung zu finden sind. Zu beachten ist die Unterscheidung zwischen wissenschaftlichen und kommerziellen Namen, die leicht zu Verwirrungen führen können. Für die Zwecke dieses Buches wurde der Schwerpunkt auf die Handelsbezeichnungen gelegt, die auf der Liste aufgeführt werden. Je nach Gesteinsart eignet sich ein Material besser oder weniger gut zur Verarbeitung zu Platten und Pflastersteinen. Viele sind auch als Kies oder Splitt erhältlich, in jedem Fall sind Grundkenntnisse über die Farbe der angebotenen Gesteine hilfreich.

Für die Auswahl von Pflaster gelten folgende Punkte:

● Die Frostbeständigkeit des Gesteins: Regionale Wetterunterschiede, vor allem auftretende Bodenfröste, spielen eine wichtige Rolle und sollten auf jeden Fall bei der Auswahl berücksichtigt werden.

● Fast alle Steinfarben dunkeln mit der Zeit nach, ein natürlicher Prozeß, der durch Verwitterung und Abnutzung, insbesondere durch Befahren mit gummibereiften Fahrzeugen, verursacht wird.

● Die Beachtung der erhältlichen Formate des gewählten Materials

● Die Funktion der Fläche, die zu pflastern ist.

Das Material allein kann keine Wunder bewirken, auch nicht das teuerste und schönste. Naturstein kommt nur in der passenden Umgebung und bei fachmännischer Verlegung zur Geltung.

Granit. Ohne Frage ist Granit die größte und vielfältigste Gruppe an Pflastermaterial. Granit ist das bekannteste und häufigste Tiefengestein, die Grundmasse vieler Gebirge. Häufig wird Granit mit Grautönen assoziiert, was aber eine falsche Vorstellung ist, denn neben den bekannten Farben ist fast jede Farbe von Dunkelrot und Gelb in allen Zwischenschattierungen erhältlich, sogar Blau- und Grüntöne. Ausgefallene Farben zählen eher zu den exotischen Graniten. Diese sind in kleinen Mengen erhältlich, sind dann entsprechend kostspielig und eigentlich nicht für den Außenbereich gedacht.

Neben der Farbgebung ist die optische Erscheinung des Steins wesentlich von der Körnung des Gesteins geprägt. Je nach Korngröße von 0,1 bis 10 mm unterscheidet man zwischen fein-, mittel- und grobkörnigem Granit. Granit wird zu Platten und Pflastersteinen in allen Größen verarbeitet, ist unbeschränkt witterungsbeständig und hervorragend als Bodenbelag im Garten geeignet.

Gneis. Im Handel zwar als eigenständiges Gestein angegeben, ist der Begriff eigentlich eine Zusammenfassung zweier nach ihrer Herkunft verschiedener, aber ähnlich aussehender Hartgesteine, Orthogneis und Paragneis. Orthogneis ist im Aussehen ähnlich wie Granit mit deutlich schiefriger Struktur, jedoch leichter zu spalten. Die Farben reichen von Rosa über Grau,

Orange, Braun bis Schwarz, in allen Tönen und auch Kombinationen. Gneis wird hauptsächlich als Plattenware angeboten.

Paragneis, Beola. Ein sandiges, toniges Sediment, je nach Art des Ausgangsgesteins granitischer, quarzdioritischer und dioritischer Zusammensetzung, das als Plattenware und Mosaikpflaster angeboten wird. Öfters als »Spaltgranite« oder »Quarzit« benannt oder einfach mit dem Namen der italienischen Abbaugebiete Beola und Magglia. Die Farben reichen von Grau-Weiß bis Blau-Grau gestreift oder gesprenkelt.

Syenit und Diorit. Dies sind mit Granit verwandte Tiefengesteine, die öfter als Granit angeboten und oft miteinander verwechselt werden, weil sie sich im Aussehen ähneln. Auch die Verwendung gleicht der von Granit. Durch die Farbe sind sie jedoch zu unterscheiden: Syenit ist hellrot, rotbraun, auch grau, rosa bis rötlich, Diorit dunkelgrün, oft schwarz. Beide werden relativ selten angeboten, obwohl gebrauchtes Pflastermaterial aus Anlagen der Jahrhundertwende erhältlich ist.

Porphyr (Rhyolith). Der Reiz von Porphyr, besser Quarzporphyr (jetzt Rhyolith), liegt in den Farben vom tiefen rötlichen Purpur bis hin zum Grünlichen. Die Qualität des Gesteins ist von Abbaugebiet zu Abbaugebiet unterschiedlich. In der Regel ist Porphyrgestein aus tiefen Lagen frosthart, an der Oberfläche abgebauter Porphyr ist nicht garantiert frostsicher. Abblättern und Risse sind Zeichen von nicht frosthartem Material. Ein Nachweis über die Frostbeständigkeit des Materials sollte auf jeden Fall vom Lieferanten oder direkt vom Steinbruch gefordert werden. Porphyr ist in Form von Platten, Mosaik- und Kleinsteinpflaster und Zierkies erhältlich.

Porphyroid. Orthogneis, der von einem Porphyr (Rhyolith) stammt, wird oft als Porphyroid eingestuft. Zu diesem Gestein gehören die grün gefärbten sogenannten Graubündener Natursteinplatten, die vielfach im Gartenbau verwendet werden.

Sandstein. Sandsteine sind Ablagerungsgesteine mit Korngrößen von 0,03 bis 3 mm. Sie bilden eine große Gruppe von Gesteinen, die unterschiedlich entstanden sind, verschiedene geologische Zuordnungen haben und je nach Vorkommen anders aussehen. Viele sind witterungsbeständig, andere weniger. Daher empfiehlt es sich, genaue Informationen über die Härte des Steins einzuholen. Im Grunde kann man davon ausgehen, daß im Handel angebotene Ware erprobt ist und den Voraussetzungen entspricht. Ein frost- und tausalzbeständiges Material ist zum Beispiel der grau bis beige-braun gemaserte

Ruhrsandstein sowie der in Rot und Graubunt erhältliche Karlshofer Weserhartsandstein. Die Farbskala von Sandsteinen reicht – je nach Steinbruch – von Hell-Beige-Grau-Gelblich bis hin zu rötlichen und grünlichen Steinen. Je nach Sorte sind sie als Platten, Großstein-, Kleinstein- und Mosaiksteinpflaster erhältlich.

Grauwacke. Als Sedimentgestein wird Grauwacke hauptsächlich in Gebieten mit wenig oder schwachem Bodenfrost verwendet. Im Vergleich zu anderen Sedimentgesteinen besitzt Grauwacke jedoch eine relativ hohe Druckfestigkeit. Der Abbau wie auch das Spalten in regelmäßige Blöcke sind verhältnismäßig leicht durchzuführen. Die Farben dieses feinkörnigen Gesteins reichen von Gelblich-Grau bis Beige. Grauwacke wird zu Großstein-, Kleinstein- und Mosaiksteinpflaster verarbeitet.

Kalkstein und Marmor. Ersterer ist bekannt als Baumaterial, vor allem als Plattenmaterial im Bereich der Innenarchitektur. Einzelne Sorten sind auch für die Außenverwendung geeignet, jedoch teilweise witterungsanfällig. Die Farben der im Handel angebotenen Kalksteinplatten, Großstein-, Kleinstein- und Mosaikpflastersteine reichen von Dunkelblaugrau bis hin zu hellem Weißbeige.
Marmor ist ein beliebter Baustoff, ein kristalliner Kalk, der im Garten nur gezielt als Ornament und Zierde verwendet wird, oft in Kombination mit anderem Material, vor allem mit Pflastersteinen. Einige Marmorarten können sogar in frostempfindlichen Gegenden verwendet werden. Diese sind besonders engporig und dadurch frostbeständig. Je nach Mineralgehalt reichen die Farben des Marmors von Grau, Rötlich, Grünlich bis hin zu Schwarz und Schneeweiß. Eine der berühmtesten weißen Marmorarten ist nach dem Abbaugebiet in Italien »Carrara« benannt und wird öfters in Ornamentpflasterung verwendet. Ande-

re Arten sind z. B. Astir aus Griechenland, in Weiß und Grau erhältlich, und Lasa aus Südtirol in Weiß. Marmor wird zu Plattenware Klein- und Mosaikstein verarbeitet, wie auch zu Ziersplitt und Zierkies.

Schiefer. Hier handelt es sich um eine volkstümliche Bezeichnung für plattig ausgebildete, gerichtete Gesteine, unter anderem Quarzit, Paragneis, Phyllit und Tonschiefer. Die im Handel angebotenen Platten unter dem Überbegriff Schiefer sind dauerhaft und witterungsbeständig. Das Material wird meist als Plattenware angeboten, in dunkel- bis hellgrauen Tönen.

Quarzit. Ein kristalliner Schiefer, der durch Metamorphose aus ehemaligen Sandsteinen entstanden ist. Sehr gut spaltbar, wird er in Form von bruchrauhen Platten meist in den Farben Rötlich, Weiß, Braungrau, Grau angeboten. Er ist trittfest und sehr wetterbeständig.

Basalt. Basalt ist die größte Gruppe innerhalb der Ergußgesteine. Die Grundstoffe sind (unter anderen) Amphibol, Plagioklas, Olivin, Eisenerz, Titanit, Biotit und Ilmenit. Sie geben dem Basalt seine Dichte, Feinkörnigkeit und Härte und auch das glatte schwarze bis schwarz-graue Aussehen. Bei starker Sonneneinstrahlung kann Basalt jedoch leicht fleckig werden und splittern, deshalb wird er hauptsächlich in kleineren Formaten geliefert.

Anthrazitfarben schimmernde Schieferplatten, gleich nach einem Regenschauer.

Um die Jahrhundertwende wurde Basalt häufig im Straßenbau und als Zierpflaster verwendet. Nachdem er lange Zeit wegen Rutschgefahr mit glatter Oberfläche beim Bau von öffentlichen Anlagen abgelehnt wurde, wird er seit neuestem wieder vermehrt in Form von Pflastersteinen in allen Größen im Handel angeboten.

Diabas, Melaphyr. Diabas ist ein Basalt, der durch Alterung, das heißt chemische Verwitterung vergrünt ist. Er ist deshalb neben vielen anderen Namen nicht zuletzt auch als Grünstein bekannt. Er bildet eine Gruppe von Steinen innerhalb der Magmagesteine, die alle ähnliche Charakteristika aufweisen. Die Korngröße ist sehr unterschiedlich, sie reicht von fein- bis grobkörnig. Die Steine haben eine sehr hohe Druckfestigkeit. Die Farbskala reicht von Grau-Grünlich bis Dunkel-Blaugrün. Diabas ist als Pflaster oder in Form von Platten, Klein- und Mosaikstein und als dunkelgrüner Zierkies erhältlich.

Trachyt. Trachyt ist ein dichtes, häufig poriges oder tuffiges Ergußgestein in hellen Farben wie Gelblich, Braun bis Rötlich, selten ganz weiß. Angeboten wird es in Form von Pflastersteinen und Platten vor allem aus Abbaugebieten in Italien (nicht in allen Steinhandlungen erhältlich). Der Name Trachyt (auf griechisch »rauh«) deutet auf die leicht rauhe Oberfläche hin. Trachyt wird oft mit Porphyr verwechselt.

Wächst der Rasen aus dem Weg oder der Weg aus der Rasenfläche? Fließende Übergänge mit dem Bonus eines starken Farbkontrastes.

Unten: Gebrauchte »Charlottenburger Platten« in 30er, 40er und 50er Bahnen, die aus kaputten größeren Platten mit Sägeschnitt bearbeitet und zum Teil handbekantet werden.

Natursteinplatten – Formate und Verlegung

Als Wege- und Terrassenbelag sind Natursteinplatten ideal. Von urig-rustikal bis hin zu klassisch-elegant und avantgardistisch-modern, sind Steinplatten sehr vielseitig. Technische Fortschritte beim Abbau und der Gewinnung von Naturstein ermöglichen die Produktion von regelmäßigen Platten, je nach Wunsch mit unterschiedlichen Oberflächenbehandlungen. Eine Erklärung der Fachbegriffe im folgenden Abschnitt erleichtert die Vorstellung, wie die Platten aussehen, und zeigt, daß der Preis im Verhältnis zum Bearbeitungsaufwand steht.

Naturgespaltene Platten, auch bruchrauhe oder Spaltplatten genannt, sind durch unregelmäßige Formen und Maße wie auch rohe unbearbeitete Flächen gekennzeichnet. Unebenheiten an der Oberfläche machen den Reiz dieses preisgünstigen Materials aus, das auch teilweise ohne Unterbau verlegt werden kann. Für Terrassen sind die Platten wegen ihrer rauhen, delligen Oberfläche ungeeignet (insbesondere, wenn Gartenmobiliar darauf stehen soll, ohne zu wackeln), aber passend für Wege oder Randzonen in ländlichen und naturnahen Gärten oder als Kontrast zu bearbeitetem Natursteinpflaster.

Bei gesägten Platten ist zwischen einseitig gesägten, sogenannten Krustenplatten, und zweiseitig gesägten zu unterscheiden. Je nach Gesteinsart und Belastungsgrad sind sie in unterschiedlichen Stärken erhältlich. Aus den zweiseitig gesägten Platten entstehen die Formplatten und Bahnenplatten, die am meisten angeboten werden. Formplatten haben regelmäßige Abmessungen, rechteckig oder quadratisch, sind in der Regel teurer als Bahnenware und durch gleichbleibende Breite und Stärke bei unterschiedlichen Längen (Freilängen) gekennzeichnet. Wichtig ist auch die Kantenbearbeitung der Steine, die immer als gebrochen (unregelmäßig), gesägt (regelmäßig) und handbekantet (besonders feine und saubere Kanten) angegeben wird. Für die Verwendung im Außenbereich

muß die Oberfläche der Platten griffig und rutschsicher sein. Starkpolierte Steine sind nicht nur gefährlich bei Nässe, sondern auch unpassend im Garten. Je nach Bearbeitungstechnik sind unterschiedliche Oberflächenstrukturen erhältlich, je aufwendiger die Bearbeitung, desto teurer.

Bossierte Platten werden auf Form und Maß bearbeitet, die Oberfläche wirkt plastisch, ist fast bruchrauh – eine der billigsten Bearbeitungsmethoden. **Gespitzte Platten**, bei denen die Oberfläche (Ansichtsfläche) mittels Spitzeisen flach abgespitzt wird, wirken je nach Bearbeitungsgrad unterschiedlich. Gemeinsam ist ihnen, daß die Struktur des Steins erkennbar bleibt; die Fläche ist durch die Unebenheiten griffig, aber nicht unbequem zu begehen. Grob gespitzte Platten sehen annähernd so aus wie Bruchsteinplatten, sind aber nicht so buckelig wie bossierte Oberflächen. Fein und mittelfein gespitzte Platten haben eine lebendige Ansichtsfläche mit eindeutigen Bearbeitungsspuren, wie ersichtlichen, leichten Dellen.

Gestockte Platten werden ebenso nach dem Grad der Bearbeitung differenziert, hauptsächlich in Mittel und Fein. Die Oberfläche ist leicht aufgerauht, Struktur und Maserung des Gesteins sind gut erkennbar. Sie sind besonders geeignet für Terrassen oder Bereiche mit direktem Anschluß an das Wohnhaus. **Sandgestrahlte Platten** haben eine besonders feinkörnige, leicht aufgerauhte Struktur. Die

Nicht die Platte allein bestimmt das Bild, sondern auch die Fuge. Zwischen den polygonalen Natursteinplatten betonen breite moosbewachsene Fugen die Halbschatten-Pflanzen.

Unten: Trittplatten im Rasen deuten den Wegeverlauf an und schonen gleichzeitig den Rasen.

Oberfläche wirkt flächig und matt. Eine feine Oberflächenbearbeitung auf bereits vorgearbeiteten Platten, geeignet für Treppen-Auftritte, ist das **Scharrieren**. Ein in der Regel 3 bis 8 cm breites Band wird sorgfältig und gleichmäßig mit einem Scharriereisen gleich hinter der Vorderkante der Stufen geschlagen. Die feinen Rillen erhöhen die Griffigkeit insbesonders bei Nässe.

Neue Platten, frisch aus dem Steinwerk, dunkeln alle durch Witterungseinfluß, Begehen und Benutzung nach. Kaum ein Gestein außer weißem Marmor behält seine Farbe, die auf Musterplatten oder bei der Lieferung ersichtlich ist. Das ist kein Nachteil, im Gegenteil nimmt das Material seine eigene Farbe an. **Geflammte Platten**, die thermisch behandelt wurden, zeigen

bereits eine der natürlichen Verwitterung ähnliche Struktur und Farbe; in gewisser Hinsicht sind sie »alte« neue Steine. Verlegemuster und -arten hängen von Maß und Format der Platten ab. Bruchrauhe Platten können als Fläche nur **wild** verlegt werden, mit unregelmäßigen Fugen und auslaufenden Kanten. Wege haben zwangsläufig unterschiedliche Breiten und keine saubere Kante zum Anschlußbereich, darin liegt der Reiz dieser Steine. Ähnlich, jedoch aus leicht bearbeiteten Steinen, ist das **Zyklopenpflaster**: Hier werden große Platten von unregelmäßigem Format mit möglichst engen Fugen aneinandergesetzt. Da die Römer Meister in der Herstellung des Zyklopenpflasters waren, ist diese Pflasterart immer noch in Italien, Spanien und gelegentlich auch in Griechenland zu finden.

Rechteckige und quadratische Platten lassen sich in allen möglichen Verbänden verlegen. Nicht nur einheitliche, sondern auch unterschiedliche Größen können gemischt werden, um einen lebhaften Verband zu erzielen. Eine Aufstellung aller Variationen wäre sehr umfangreich. Da die Wahl der Verbände und die Entscheidung für ein Format des erhältlichen Materials dem persönlichen Geschmack unterliegen, ist es besser, eine Verbandsart »pur« zu verlegen oder anhand der Grundverbände eigene Kombinationen zu erstellen. Traditionell werden Platten gleicher Größe mit versetzten Fugen gelegt, bekannt als **Reihen- und Läuferverband**. Eine Variation davon ist der **Bahnenverband**: Bei gleichbleibender Breite werden Platten mit unterschiedlichen Längen verlegt, eine variable Verlegungsart, die je nach Rhythmus der Längenwechsel und Anzahl der Platten eine lebendige Wirkung erzielt. Von einem **Schiffsverband** spricht man bei sehr langen und schmalen Platten. Ein **Römischer Verband** besteht aus Platten, die alle durch ein bestimmtes Maß teilbar

Gerade im Garten sind Kombinationen von Material möglich. Als Umrahmung und Wegeerweiterung Kies um rechteckige und quadratische Trittplatten.

sind. Für einen sehr strengen architektonischen Effekt legt man gleich große Platten, in der Regel mit feiner Oberflächenstruktur, im **Kreuzverband**. Die Fläche ist bedingt belastbar und nur für Fußgängerverkehr geeignet. Ansonsten sollten die Fugen versetzt sein, um Verschiebungen zu vermeiden, und im Verhältnis zur Plattengröße stehen. Bahnen werden in verschiedenen Breiten angeboten, nach Möglichkeit sollte die verlegte Fläche nicht zu unruhig wirken. Alle Flächen sind mit einem Gefälle von mindestens 2% zu verlegen, das vom Gebäude aus abfällt.

Von Platte zu Platte

Gerade im Garten ist es nicht unbedingt erforderlich, daß alle Wege durchgehend gepflastert werden. Trittplatten zwischen Rasen und Pflanzfläche oder sogar in ausgefallenem, nicht so gut begehbarem Material sind besonders schön. Die Gestaltungsmöglichkeiten sind unzählig. Bei der Verlegung ist das Schrittmaß von 65 cm maßgebend, so daß man bequem von Stein zu Stein gehen kann, ohne zu hüpfen. Die Platten sollten außerdem so groß sein, daß man mit beiden Füßen darauf Platz hat, und alle ähnliche Größen aufweisen.

Der Gartenweg aus gebrauchtem Großsteinpflaster zeigt die unterschiedlichen Steingrößen. Bei einer Ladung von gebrauchtem Material können die Steine unterschiedlich hoch sein, achten Sie deshalb auf die Setzhöhe.

Natursteinpflaster

Neues Material ist nach DIN 18 502 »Pflastersteine, Naturstein« genormt. Danach ist Größe und Qualität des Steines geregelt. Zwei Gütegruppen werden geliefert:

- Güteklasse I: Sortierter Pflasterstein nach Größe und Farbe mit geringer Toleranz
- Güteklasse II: Sortierter Pflasterstein mit großen Toleranzen in Größe und Farbe; Fehlfarben sind zulässig.

Die Normierung betrifft nur neue Pflastersteine (Groß-, Klein- und Mosaiksteinpflaster), die innerhalb der Bundesrepublik abgebaut werden, vor allem Granit, Basalt, Basaltlava, Diorit, Grauwacke und Melaphyr. Obwohl Importware nicht der Normierung unterliegt, sind in der Regel die Größen sortiert und die Qualität geprüft; allerdings können Größen und Farben innerhalb einer Sendung variieren. Es kann vorkommen, daß sich »schwarze Schafe« einschmuggeln, deshalb ist anzuraten, sich beim Einkauf an einen guten Steinhandel zu wenden.

Bei allen abgebauten Gesteinsformaten unterscheidet man zwischen Kopf- und Fußfläche. Jeder Naturstein hat eine eindeutige Kopffläche (oben), die in der Regel glatter und eine Nuance größer als die Fußfläche (unten) ist. Die Kopffläche sollte immer an der Oberfläche liegen. Schlecht gepflasterte Flächen sind durch eine Verwechslung der Kopf- und Fußflächen gekennzeichnet, was zu einer sehr unregelmäßigen, unbequemen Gehfläche führt.

Ungewöhnliche Pflasterformate sind für den Garten interessant, gerade weil sie nur in kleinen Mengen erhältlich sind.

Unten: Flächendeckende Bischofsmützen mit Würfeln.

Unten rechts: Pferdepflaster, ein gelegentlich erhältliches Großsteinpflaster-Sonderformat; ein 14/18 Stein mit einer tiefen Rille in der Mitte, die wie eine Fuge wirkt und die Länge des Steins betont.

Rechts: Zu den vielen Sonderformaten von gebrauchtem Großsteinpflaster gehören auch die quadratischen Wiener Würfel 18/18/9. Bei einer Reihenverlegung sind, um den Verband einzuhalten, Bindersteine oder »Einundeinhalb-Steine« notwendig. Typisch für gebrauchtes Pflaster ist die vom Gebrauch abgeschliffene Oberfläche, hier an den 15/17 Steinen klar erkennbar.

Steine nach der Norm

Großsteinpflaster

Nach DIN 18502 hat Großsteinpflaster eine zugelassene Breite von 15 bis 17 cm, eine Länge von 16 bis 22 cm und eine Höhe von 14 bis 16 cm. Großsteinpflastersteine aus Basalt, Diorit, Grauwacke und Melaphyr sind etwas kleiner, sie haben eine Breite von 11 bis 15 cm, eine Länge von 14 bis 22 cm oder 12 bis 18 cm und eine Höhe von 13 bis 15 cm. Innerhalb der Güteklassen beträgt die Toleranz bei Güteklasse I ± 1 cm, bei Güteklasse II ± 1,5 cm.

Zu erwähnen sind noch die Sonderformate, u. a. Bischofsmütze und Binder, die für die Ausführung von vielen Verlegungsarten notwendig sind. Der Handel mit gebrauchtem Material hat dazu geführt, daß innerhalb Europas die Verteilung der Formate nicht mehr regional beschränkt ist. Großsteinpflaster wird vor allem für viel befahrene oder schwer belastete Flächen verwendet.

Anhand dieses Beispiels ist der Grad der Bearbeitung ersichtlich: Gesägtes und handbekantetes neues Klein- und Großsteinpflaster in verschiedenen Formaten, ausgezeichnet durch klare Kanten und gleichmäßiges Format, im Reihenverband verlegt.

Kleinsteinpflaster

Die Steinformate sind laut DIN in drei verschiedene Größen aufgeteilt:
- 10 × 10 × 10 cm: Gruppe I
- 9 × 9 × 9 cm: Gruppe II
- 8 × 8 × 8 cm: Gruppe III

Die Seitenlängen der Kanten haben eine Toleranz von ± 1 cm in Güteklasse I, in Güteklasse II von +2 cm bis –1 cm. Der Pflasterer und auch der Händler rechnen die Toleranz mit ein und sprechen von 9/11, 8/10, 7/9. Sonderformate wie Dreieck oder Fünfeck können auf Wunsch geliefert werden, sind aber kostspielig und werden selten verlangt. Kleinsteinpflaster ist überall zu verwenden, auch für befahrene Flächen.

Mosaiksteinpflaster

Der Name ist vom antiken Kunst-Mosaik abgeleitet. Nach DIN 18502 sind die Steine in drei Gruppen gegliedert:
- 6 × 6 × 6 cm: Gruppe I
- 5 × 5 × 5 cm: Gruppe II
- 4 × 4 × 4 cm: Gruppe III

Neues Material ist nur in Güteklasse I lieferbar. Danach haben die Kantenlängen eine Toleranz von ± 1 cm. Analog zur Benennung von Kleinsteingrößen wird von 5/7-, 4/6- und 3/5-Steinen gesprochen. Als historisches Steinformat ist der »neue Berliner« mit 3 bis 4 cm Kopffläche, 6 cm hoch, eine Prismen- oder Würfelform, bekannt. Heute ist es kaum zu glauben, daß Mosaikstein um die Jahrhundertwende ein preisgünstiger Belag war – ein Grund dafür, daß er in Gründerzeitvierteln sowohl im öffentlichen als auch im privaten Bereich so weit verbreitet war. Mosaikpflaster eignet sich für Flächen mit geringer Belastung. Für den Garten gehört es wegen seiner vielseitigen Verlegemöglichkeiten zu den wichtigsten Pflastersteinen.

Mosaiksteinpflaster läßt sich in einer Vielzahl von Mustern verlegen, hier im Kreisverband zur Kennzeichnung des Treppenaustritts, und in Segmentbögen.

Aufgelesen und gesammelt

Zusätzlich zu den genormten Pflastersteinen, die alle in den erforderlichen Größen bearbeitet werden, gibt es Pflastersteine, die man in ihrem Originalzustand verwendet. Ursprünglich im Feld, in der Landschaft oder im Flußbett gesammelt, wird dieses Pflaster primär für die Pflasterung historischer Anlagen verwendet. Dies schließt aber nicht aus, daß das Material auch in zeitgenössische Anlagen paßt.

Rundsteine, Katzenkopf

Rundsteine sind aufgelesene Feldsteine mit einem Durchmesser von 15 bis 25 cm. Es sind kleine Findlinge, die unbearbeitet in das Erdreich gesetzt werden. Bis in das 19. Jahrhundert hinein waren viele Straßenpflasterungen aus Rundsteinen – eine gewölbte, bucklige Oberfläche, die unbequem zu befahren war.
Ausgesuchte Findlinge werden nach wie vor als Bodenbelag geliefert und kommen im Garten, besonders in Randbereichen, gut zur Geltung.

Eine Jahrhunderte alte wildgepflasterte Straße wurde im Garten integriert.

Katzenkopfpflaster bietet zwar keine ebene Fläche, erzeugt aber eine wunderschöne Stimmung.

Kieselsteine

Wie die Feldsteine sind die Flußkiesel gewaschene, glatte Steine von länglichem oder eierförmigem Format. Die Steine werden längs in das Bett gelegt, sie sind in verschiedenen Größen und Formen von Weiß bis Grau und sogar bis hin zu Schwarz (Feuersteine, Basaltkiesel) erhältlich und werden vorsortiert geliefert. Im Garten sind sie wegen ihrer dekorativen Wirkung von künstlerischer Bedeutung.

Spaltsteine, Wackersteine

Die aufgespalteten Flächen von geschlagenen Rund- oder Kieselsteinen werden als glatte Kopffläche verwendet. Der Rest des großen Steins wird in das Unterbett oder Erdreich gesetzt. Je größer die Oberfläche, desto höher ist der Stein. Eine interessante Entwicklung ist »antikisierendes« Wackerpflaster: Die Oberfläche des hergestellten spaltrauhen Wackerpflasters wird durch einen speziellen Arbeitsvorgang an altes Pflaster angeglichen.

Ordentlich verlegtes Reihenpflaster aus Granit-Kleinstein mit bodenebener Einfassung, die sich auch um die Pflanzbeete zieht.

Netzpflaster aus gebrauchtem 18/18 Granit-Großsteinpflaster. Zur Ausführung der Verlegungsart sind Bischofsmützen oder Dreiecksteine als Ansatzsteine notwendig.

Die Kunst des Verlegens

Wie die Steine nebeneinander gesetzt werden, ist entscheidend. Von der Hand eines Meisters verlegt, wird eine Pflasterfläche lebendig. Durch Feingefühl und jahrelange Praxis werden genau die Steine ausgesucht, die nebeneinander »sitzen«. Die scheinbare Leichtigkeit, mit der der Pflasterer sich an die Arbeit macht, täuscht. Jede Verlegungsart ist auf bestimmten Prinzipien aufgebaut, die klar ablesbar sind. »Einfach loslegen und mal sehen, was dabei herauskommt«, ist keine Maxime für das Pflastern mit Natursteinen. Zu den Vorbereitungsarbeiten gehören unter anderem die Berechnung der notwendigen Mengen (in Tonnen), die Ausführung des Unterbaus und das Spannen von Hilfsschnüren. Bei der Entscheidung, welche Verlegungsart verwendet werden soll, ist neben optischen Kriterien auf folgende Punkte zu achten:
- Korrekte Verlegungsart für die Steingröße: Die Steingröße bestimmt den Maßstab, und nicht jedes Steinformat ist für jedes Verlegungsmuster geeignet.
- Richtiges Verlegungsmuster für die Situation, das heißt, je nach Flächengröße und erwarteter Belastung.
- Fachmännische Ausführung: Viele Verlegungsarten können nicht von Laien verlegt werden.

Die Vielfalt der Pflastermuster, vor allem die Verwendung von bearbeitetem Steinmaterial, stammt aus dem späten 19. Jahrhundert. An dieser Zeit können wir uns bei der heutigen Pflasterung ein Beispiel nehmen und es auf die heutigen Bedürfnisse übertragen.

Ordentliche Unordnung

Wildpflaster

Bei diesem Pflaster sollten nicht nur unterschiedliche Steinformate verwendet werden, sondern auch unterschiedliches Material. So können Findlinge, Spalt- und Bruchsteine gemischt in einer Wildpflaster-Pflasterung Verwendung finden. Dadurch

ergibt sich eine sehr lebhafte Pflasterfläche mit völlig unregelmäßigem Fugenbild und unterschiedlicher Farbgebung. Wildpflaster ist aber das schwierigste Pflaster, das man gestalten kann, da die Arbeit nicht nach bestimmten Ordnungsprinzipien ausgeführt werden kann. Das Geheimnis der Lebendigkeit liegt im Zufall, in der Unregelmäßigkeit, im spontanen Setzen von Steinen.

Katzenkopfpflaster

Aus unbearbeiteten Findlingen oder Flußkieseln ohne Unterbau ins Erdreich gesetzt, wird diese Pflasterart öfter unter dem Begriff »Wildpflaster« geführt. Der Unterschied liegt nur in der Einheitlichkeit und Größe des Materials. Ein sehr holperiges, gewölbtes Pflaster ist unbequem zu begehen, besonders wenn die Steine nur bis zur halben Höhe eingebettet sind.

Nach Reih' und Glied

Alle im folgenden aufgeführten Verlegungsarten, Variationen des Reihenpflasters, können sowohl in Klein- und Mosaikstein ausgeführt werden wie auch in Großstein. Zu beachten ist dabei, daß die Fläche aus kleinformatigen Steinen nicht so stabil und belastbar ist wie mit Großstein verlegt, der den schwersten Verkehr aushält.

Reihenpflaster

Das klassische Reihenpflaster gehört zu den ältesten Pflasterarten. Die Steine werden in Reihen verlegt und jede Reihe versetzt, so daß sich keine Kreuzfugen bilden. Es eignet sich für Gartenwege wie auch für Terrassen.

Diagonalpflaster

Das Diagonalpflaster ähnelt dem Reihenpflaster, allerdings werden die Reihen mit versetzten Fugen diagonal zum Wege- oder Terrassenverlauf im 45°-Winkel verlegt. Als Anschlußsteine werden Dreieck- oder Fünfeck-Steine verwendet. Das langgezogene Fischgrätmuster ist ein weiterentwikkeltes Diagonalpflaster, das seine Verwendung im Straßenbau findet. Zwei Diagonalen treffen sich in der Mitte der Fläche im 90°-Winkel, der gleichzeitig den höchsten Punkt bildet. Ausgeführt in Großstein, bildet es eine sehr stabile Fläche.

Netzpflaster

Damit sich das Muster eines Netzes ergibt, werden möglichst quadratische Pflastersteine ausgesucht und in diagonalen Reihen gesetzt. Den Ausgangspunkt bildet ein Dreieck-Stein; Kreuzfugen sind beabsichtigt und ein Bestandteil des Netzmusters. Das Netzpflaster kann in allen Steingrößen gepflastert werden, hat aber eine mehr dekorative Funktion und ist daher eher für den Garten geeignet als zur Straßenbefestigung. Terrassen, Wege, Sitzecken können alle in diesem Belag gepflastert werden. Wunderschöne Beispiele sind auf Plätzen und in öffentlichen Parkanlagen Portugals zu finden. Die zweifarbigen Muster sind eine Inspiration für jeden Gartenbesitzer.

Passéepflaster

Obwohl es sich beim Passéepflaster um kein eindeutiges Reihenpflaster handelt, ist es weder Wild- noch Bogenpflaster. Bei dieser Verlegungsart ändert sich die Fugenrichtung. Die nördlichen und östlichen Stoßfugen sind immer im 45°-Winkel zur Straßenachse gelegen. Jeder Stein soll auf Anhieb »sitzen«. Ein gewisses System ist vorgegeben. Der Reiz liegt in der »regelmäßigen Unregelmäßigkeit«.
Bis vor kurzem wenig bekannt, sogar in Vergessenheit geraten, brachte die Wende in Deutschland-Ost wunderschöne Flächen zum Vorschein. Es ist außerdem möglich, von einer regionalen Verteilung, beinahe einem Nord-Süd-Gefälle zu sprechen: Passéepflaster im Norden und Osten, Bogenpflaster im Süden. Nicht jeder Pflasterer kann diese Verlegungsart ausführen. Gepflastert aus Klein- und Mosaikstein, ist der ausgesprochene Vorteil dieses lebhaften Pflasters die Eignung für jede Flächengröße.

Passée im Detail. Je nach Pflasterer ist eine unterschiedliche Interpretation des Richtungswechsels möglich. Trotz der Verzahnung ist die Fläche nur gering belastbar, geeignet zum Begehen und gelegentlichen Befahren.

Flächiges Passéepflaster, eine schöne Pflasterart für kleine und große Flächen.

Bogenpflaster

Der Sammelbegriff »Bogenpflaster« führt leicht zu Verwirrung, denn ein Bogenpflaster als Verlegungsart existiert nicht, es kann nur ein Segment- oder Schuppenpflaster sein. Gerade beim Einholen von Preisen ist es wichtig, klar auszudrücken, welche Pflasterart gemeint ist, denn Schuppenpflaster ist teurer und aufwendiger als Segmentbogenpflaster.

Segmentbogenpflaster

Das Segmentbogenpflaster ist eine gängige Verlegungsart für Plätze und Straßen, kann aber auch im Garten sehr wirkungsvoll eingesetzt werden. Das Konstruktionselement ist ein Kreissegment (Viertelkreis) mit einem Mittelpunktswinkel von 90°. Sehne und Stich des Bogens sind von der Wegbreite, Terrassen- oder Platzgröße und der Steingröße abhängig. Der Pflasterer oder ausführende Architekt wird dies für jede Situation errechnen. Am Rand der Fläche wird mit einem halben Segment angefangen und mit einem halben aufgehört. Üblicherweise in Kleinstein ausgeführt, eignen sich auch Mosaiksteine für diese Verlegungsart. Ein ungewöhnlicher Effekt kann durch die Verwendung von Wackersteinen erzielt werden.

Rechts: Ornamente sind durch die Konstruktion vorgegeben, wie das Zopfmuster an einem Tiefpunkt, wo sich die Segmente aus entgegengesetzten Richtungen treffen.

Um diese Verlegungsart auszuführen, sind Steine von verschiedener Größe innerhalb der Kleinsteintoleranzen zu liefern, sonst kann der Segmentbogen nicht verlegt werden. Der Anschluß an Rinne oder Einfassung erfolgt immer durch einen halben Bogen.

Rechts oben: Einem Motiv von Friedrich-Wilhelm Noll nachempfunden, dem »Papst des Kleinsteinpflasters im Segmentbogen«, ist dieser Vorschlag für einen Terrassenbelag eher in Mosaiksteinpflaster auszuführen. Die Bögen führen auf einen Hochpunkt in der Mitte zu, wobei eine Bogenreihe in einer anderen kontrastreichen Steinfarbe hervorgehoben wird. Die Ecken sind voll auszupflastern und nicht wie hier abgebildet als Bögen zu verlegen.

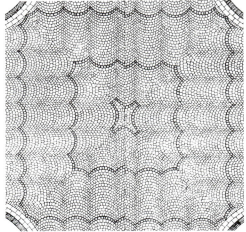

Rechts unten: Eine klassische Platzgestaltung im Segmentbogenpflaster, ebenso geeignet für eine Terrasse oder – wie abgebildet – für eine Straßenkreuzung. Der Mittelpunkt ist im Kreis verlegt, die Diagonale als Hufeisen, dazwischen die Segmentbögen. Auch hier ist die Wirkung der Ornamente durch abwechselnd farbige Reihen gesteigert.

Als meistverwendete Verlegungsart für Straßen und Plätze bietet das Segmentbogenpflaster eine stabile, befahrbare Fläche. Aber auch für den Garten ist diese Pflasterart geeignet: hier als Eingang zum Haus, ausgeführt in Porphyr-Kleinsteinpflaster. Deutlich ist die charakteristische gleichmäßige Wellenbewegung der Fläche, die immer im rechten Winkel zum Weg oder zur Terrasse verläuft.

Schuppenbogenpflaster

Beim Schuppenbogenpflaster wirkt die Fläche durch die wiederholten Schuppen in sich bereits dekorativ. Diese Verlegungsart ist ein Ornamentpflaster, das sich für Terrassen eignet, auch in Kombination mit anderen Pflasterarten. Das zugrundeliegende Konstruktionselement ist der Halbkreis. Die Form der Schuppen ergibt sich dadurch, daß mittig auf zwei gleich große, nebeneinanderliegende Halbkreise ein weiterer Halbkreis mit gleichem Radius gesetzt wird. Die Schuppen werden in Bögen ausgepflastert.
Wie beim Segmentpflaster ist die Bogenbreite abhängig von der Breite der Terrasse, des Weges oder Platzes und der Steingröße. Grundsätzlich sind Klein- und Mosaiksteine am besten geeignet. Großsteine sind viel zu unhandlich und großformatig und widerstreben der feinen Art des Musters. Es gilt: Je größer der Pflasterstein, um so breiter der Bogen. Schuppenpflaster ist in der Verlegung aufwendig und verlangt viel Vorarbeit. Es muß nicht nur die Richtung der Schuppen bestimmt werden, sondern auch die Anzahl der vollen Schuppen, der Ansatzpunkt des Musters, das heißt, ob von der Mitte oder von der Basislinie aus begonnen wird. Einen Teil oder verkürzte Schuppen am Rande der Fläche anzuschließen, ist nicht korrekt. Richtig ist der seitliche Anschluß mit einer halben Schuppe.

Die Einteilung der Fläche muß deshalb vor Beginn der Arbeit festliegen. Die Schmuckwirkung kann noch gesteigert werden durch die Verwendung von unterschiedlichen Farben, etwa beim sogenannten Lilienmuster, wo die äußere Steinreihe der Schuppen in einer anderen Farbe verlegt wird.

Halbschuppenbögen

Halbschuppenbögen sind beliebt als Bordüren und Zierbänder für Plätze, Terrassen und Wege. Die Schuppe wird in der Länge halbiert, ebenso die darunterliegende Schuppe, so daß ein sich wiederholendes, spiegelverkehrtes Bild entsteht. Wie bei den vollen Schuppen muß die Bogenbreite errechnet werden und sollte im Verhältnis zur Terrassengröße oder Wegbreite liegen. Änderungen in der Richtung, wie z. B. bei der Einrahmung eines rechteckigen Platzes, werden mit Dreiviertelkreisen erzielt. Als Betonung der Halbschuppen werden einzelne oder mehrfache Reihen von gleich großen Steinen, jedoch aus anderem Steinmaterial, verwendet, z. B. Basalt- und Marmoreinrahmung zu Granit, Grauwacke zu Porphyr, um den Hell-Dunkel-Kontrast noch markanter zu gestalten.

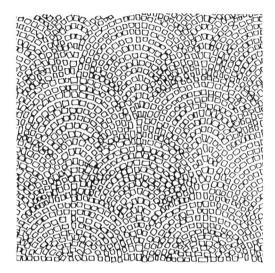

Konstruktionselemente können zu Ornamenten werden. Bei Schuppenbögen, aufgebaut aus nebeneinander liegenden Kreisen, sind die Variationen und der Einsatz von verschiedenfarbigen, gleichgroßen Steinen unendlich. Auch Schuppen »pur« sind eindrucksvoll.

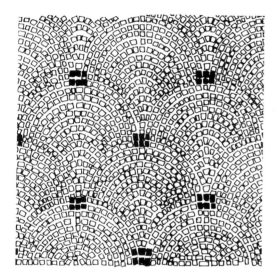  

Die Ansatzpunkte der Schuppen werden betont, das entstehende geometrische Muster wirkt wie eine Überlagerung.

Starke grafische Muster durch Betonung des Mittelteils der Schuppen mit langgezogenem Ansatzpunkt.

Beim sogenannten »Lilienmuster« werden die äußeren Reihen der Schuppe in einer anderen Steinfarbe hervorgehoben.

Sich wiederholende Schuppenbögen, ornamental verlegt: ein Höhepunkt in der Kunst des Pflasterns. Den Ansatzpunkt bildet ein Viererblock aus Marmorpflaster, die Schuppenbögen bestehen aus grauem und die Füllung aus gelblichem Granit.

Kreisverlegung

Wie der Name bereits sagt, wird bei dieser Verlegungsart ein Kreis ausgepflastert. Ausgangspunkt ist dabei die Kreismitte, die durch Verwendung einer anderen Steinfarbe besonders hervorgehoben werden kann. Die Kreisverlegung ist am besten geeignet für Klein- und Mosaiksteinpflaster und erfordert ein hohes Maß an Können und Geschicklichkeit, um annähernd gleich große Steine zu setzen. Sie ist mehr als Einzelmotiv zu sehen denn als flächendeckende Pflasterung.

Kreisverlegung, in verschiedenen Gesteinsarten und Größen gesetzt: Mit Reihenpflaster aus Porphyr-Kleinstein eher für große, platzartige Terrassen geeignet; verkleinert und in Mosaiksteinpflaster ausgeführt, ist dieses Muster auch für kleinere Bereiche denkbar.

Beton – das Material unserer Zeit oder eine billige Alternative?

Gelobt, doch teilweise verpönt, leiden Betonbeläge immer noch unter dem Stempel von Billigware und Ersatzmaterial. Daß sich unter dem riesigen Angebot an Betonplatten und -pflaster ein hervorragendes Material von hoher Qualität und Ästhetik verbirgt, ist manchmal anhand der Auswahl in Baumärkten kaum nachzuvollziehen. Beton ist das Material unserer Zeit, in seiner wahren Form schlicht, elegant und besonders passend zu modernen Bauten. Auch Kombinationen mit Naturstein oder Klinker wirken gut. Als selbstverständlicher Hintergrund zu Pflanzen, als schmaler Streifen zwischen Blumenbeeten, bekommen Betonplatten eine völlig andere Wirkung als der kühle graue und zweckmäßige Belag der öffentlichen Gehwege.

Jede Imitation, jede Form von Rustikal- oder Antikpflaster ist allerdings mit Vorsicht zu verwenden. Einlegearbeiten in Verbundpflaster, insbesondere farbige Einsprengsel in Zick-Zack-Wellenbewegungen wirken veraltet und geschmacklos. Bei der Auswahl von Betonplatten und -pflaster sollten Funktion und Standort der zu befestigenden Fläche sowie der Stil des Hauses im Vordergrund stehen. Alles andere als nur Grau, sind viele Schattierungen und Töne vorhanden, Farbabstufungen von Hell bis Dunkel und sogar bunte, peppige Ausgaben für Gewagtes. Die Oberflächenstrukturen reichen von Glatt bis Aufgerauht, in allen möglichen Variationen. Ein eindeutiger Vorteil von Betonplatten und -pflaster ist die umfangreiche Auswahl, die ständig durch neue Produkte erweitert wird.

Stockrauhes alpengraues Betonpflaster im Kontrast zu glatten hellbraunen Steinen. Das Angebot von Farben, Oberflächenstrukturen und Formaten ist schier unerschöpflich.

Klar, hell und zeitgemäß: quadratische Betonplatten im Kreuzverband auf einer Terrasse.

Garten- und Terrassenplatten

Seit Jahrzehnten im Garten verwendet, gehören Garten- und Terrassenplatten zu den beliebtesten Gartenbelägen. Sie sind erhältlich in quadratischem bis länglichem Format, in Stärken von 5 bis 10 cm. Für befahrbare Flächen hat es sich bewährt, Platten mit 8 bis 10 cm Stärke zu verlegen. Die Produktpalette reicht von einer großen Farbauswahl bis hin zu unterschiedlichen Größen und Oberflächenstrukturen von glatt bis gerumpelt (mit rustikaler Oberfläche), von fein- bis grobkörnig. Zuschlagsstoffe aus gebrochenem Naturstein verleihen der Platte eine »naturnahe« Ausstrahlung.
Erstaunlicherweise sind die traditionellen grauen Gehwegplatten (30 × 30 cm oder 35 × 35 cm) ideal für den Garten. Flächendeckend oder in Vierer-Blocks verlegt, als Trittplatten, eingerahmt von Kieselpflaster oder eingelassen in Klinkerflächen, sind die Gestaltungsmöglichkeiten kaum auszuschöpfen.

Beton-Naturstein-Verbund-Platten

Eine interessante Neuentwicklung stellen Natursteinplatten auf einem Betonsockel dar, vermarktet unter dem Namen »Topstone«. Mittels schräger Rillen und Spezialmörtel ist die Natursteinoberfläche mit dem Betonsockel mit Stahlbewehrung verbunden. Die Plattenstärke richtet sich nach den jeweiligen statischen Erfordernissen, Formate sind u. a. 50 × 30 cm, 50 × 60 cm und Bahnenware. Unterbau und Verlegung werden wie bei jeder anderen Plattenware vorgenommen.

Betonpflastersteine

Wer die Steine als kleinformatige Plattenware mit einer Vielzahl von Verlegungsmustern betrachtet und nicht als Natursteinpflasterersatz, ist auf dem richtigen Weg, Betonpflastersteine als eigenständiges Material einzusetzen. Ausgezeichnet durch ruhige Oberflächen und saubere Kanten, sind die Steine unter verschiedenen Namen, nicht zuletzt auch »Designer-Pflaster«, bekannt und in unterschiedlichen Größen erhältlich. Gut bewährt haben sich die quadratischen »Piazza«-Betonsteine, 20 × 20 cm, erhältlich mit passenden Bischofsmützen für eine vorzügliche Diagonalverlegung. Jeder Betonsteintyp ist in verschiedenen Größen und Formaten von quadratisch bis rechteckig erhältlich, in der Regel gleich als Verlegesatz geliefert, um verschiedene Verlegungsarten zu ermöglichen und das Zuschneiden der Steine zu minimieren.

Umweltpflaster

Als Antwort auf die Forderung nach weitgehender Entsiegelung der Oberflächen sind einige neue Entwicklungen auf den Markt gekommen. Es handelt sich um poröse Pflastersteine mit grober Oberflächenstruktur, die das Niederschlagswasser wie ein Sieb durchsickern lassen. Einzelne Pflastertypen fungieren sogar als Filter: Sie reinigen das Oberflächenwasser von Öl- und Benzinresten und lassen das gereinigte Wasser wieder in den Wasserkreislauf zurückkehren. Ebenso wie Wasser durchsickern kann, können die Poren jedoch auch mit Kleinteilen und Sandkörnern verstopft werden; es ist daher ratsam, den Belag nicht in unmittelbarer Nähe von Sandkästen zu verwenden. Genaue Informationen über die Eigenschaften und die Einsatzmöglichkeiten solcher Pflastersteine geben die Hersteller.

Aus dem Calvo-Vario-Line-Pflasterprogramm perlmuttfarbene Betonplatten, verlegt in unterschiedlicher Bahnbreite, elegant und gleichzeitig passend zu einer naturnahen Bepflanzung.

Eine Kombination von langen schmalen Betonriegeln zwischen grobem Kies, für viele Situationen vorbildlich.

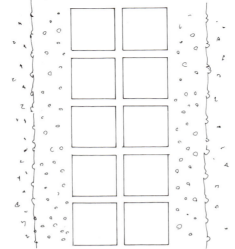

Wo ein Weg nicht voll gepflastert sein muß, genügt eine Doppelreihe Platten, ergänzt durch einen beidseitigen breiten Kiesstreifen.

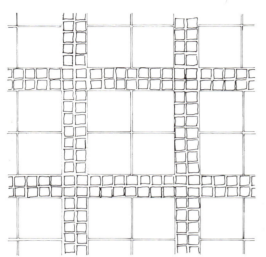

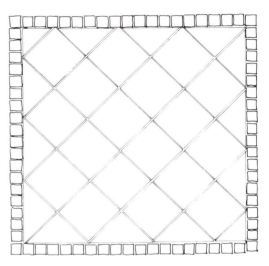

Die Gestaltungsmöglichkeiten von quadratischen Gehwegplatten, ergänzt durch anderes Material wie zum Beispiel Granitpflaster, sind unzählig. Für eine Terrasse eignen sich Viererblocks, umrahmt von zwei Reihen Kleinsteinpflaster, die beliebig wiederholt werden können.

Oben: Diagonal verlegte Platten, eingefaßt von einer Pflasterzeile, bieten sich für eine quadratische Fläche an.

Oft gesehen und oft verwendet: Waschbetonplatten, begleitet von unbeabsichtigtem Grün.

Schlicht, funktionsgerecht und passend zur Architektur: Betonkleinsteinpflaster in Reihen verlegt.

Unten: Die begleitenden Iris steigern die Bedeutung des Betonplattenweges. Seine Länge wird durch die Längsverlegung der Platten noch mehr gestreckt.

Unten: Der Hersteller läßt sich verewigen – die Buchstaben H & D stehen für Heinrich Drasche, einen Ziegelbaron der Gründerzeit. Das Pflaster ist längst nicht mehr am ursprünglichen Standort, sondern als altes Pflaster mit Patina in einem neuen Garten verlegt.

Rechte Seite: Der kleine Gartenhof nimmt durch die großzügigen Klinkerpflaster im Flechtverband eine neue Dimension an. Wege und Terrassen gehen ineinander über.

Klinker-, Ziegel-, Terrakottapflaster

Nicht ohne Grund sind unzählige Beispiele für Klinker- oder Ziegelpflaster in Gartenbüchern abgebildet, denn kaum ein anderer Belag wirkt so harmonisch und passend im Garten.

Die Aufmerksamkeit gilt primär dem Ambiente und der Kombination mit Pflanzen, erst bei näherer Betrachtung wird die Rolle des Bodenbelags in der Gesamtanlage bewußt. Wer näher hinschaut, erkennt die Mühe, mit der Farbe und Verlegungsart ausgesucht wurden, um genau den richtigen Effekt zu erzielen.

Die Vorteile von Klinker- und Ziegelpflaster sind seit Jahrhunderten bekannt. Trittfest und rutschsicher, mit einer Vielzahl an Gestaltungsmöglichkeiten, solo oder in Kombination mit anderen Materialien, ist Klinkerpflaster klassisch, begehrt und aussagekräftig. Wo Naturstein als Rohmaterial nicht vorhanden war, fing man früh an, künstlich hergestellte Pflastersteine aus gebranntem Ton zu erzeugen und zu verwenden. Die Verwendung ist heute nicht mehr regional beschränkt, obwohl Ostfriesland und Schlesien eine besondere Pflasterklinkerkultur besitzen. Das Material muß nur zu Umgebung, Stil und Funktion passen.

Gartenweg, verlegt aus rechteckigen Klinkern im Reihenverband.

Besonders geeignet für ebene Stellflächen, wird Pflasterklinker vermehrt für Terrassen eingesetzt. Im Gegensatz zu Naturstein verblaßt und bleicht dieses Pflaster nicht aus, die warmen, rotbraunen Töne sind nach einigen Jahrzehnten genauso frisch wie neu verlegt. Für viele Projekte, insbesondere in Gärten von Altbauten oder Gutshöfen, werden alte, gebrauchte Ziegel- oder Klinkersteine bevorzugt. Es kann das entsprechende historische Format Verwendung finden, und wie beim gebrauchten Natursteinpflaster sind die richtige Patina und Abnutzung vorhanden. Zwischen Ziegel und Klinker kann man anhand der Farbe und des Klangs unterscheiden. Der Ziegelstein ist wesentlich heller in der Farbe. Klinker gibt einen klaren, Ziegel einen deutlich gedämpfteren Ton.

Zum Thema Klinkerpflaster

Egal, wie es eingesetzt wird, ist Klinkerpflaster zugleich qualitätvoll und langlebig. Das Material fügt sich gleichermaßen in eine elegante oder bäuerliche, historische oder hochmoderne Situation ein. Zugegebenermaßen muß man Rot und warme Keramiktöne mögen, muß die passenden Verlegemuster für die Situation aussuchen und darf es auf keinen Fall so weit übertreiben, daß nur ein rotes, verwirrendes Gemisch entsteht. Die differenzierten Flächen, zum Beispiel absichtliche Unterschiede zwischen Wegen und Terrasse, wirken als Hintergrund und Highlight, nicht als Mittelpunkt, ihre Wirkung ist gezielt und ausgewogen.

Die Qualität von Pflasterklinker wird ständig geprüft und entsprechende Prüfzeugnisse werden ausgestellt, denn die Klinker müssen frost- und säurebeständig sein. Klinker aus eisenhaltigem Ton wird bis zur Sinterung gebrannt. Die Brenntemperatur (1100 °C) ist so hoch, daß die Scherben verglasen, die Poren schmelzen, und so wird ein sehr fester, porenloser Stein hergestellt, der kein Wasser mehr aufnehmen kann. Es wird empfohlen, im Außenbereich Klinkersteine zu verwenden, da die Haltbarkeit und vor allem die Frostbeständigkeit gewährleistet sind. Die Fähigkeit der Wasseraufnahme, Biege- und Druckfestigkeit werden nach DIN 18 503 geprüft. Versuche haben gezeigt, daß die Biegefestigkeit und die Frostbeständigkeit von Klinker höher sind als bei vergleichbarem anderem künstlichen Material.

Der Reiz liegt in den Farben und zum geringen Teil in den erhältlichen Formen. Die Farbgebungen sind durch die Stoffe im Lehm oder Ton geprägt. So reicht die Farbskala von Gelb über alle Rottöne bis Dunkelbraun. Die Schattierungen sind fein, variieren sogar innerhalb einer Brennung, sind aber maßgebend für die ästhetische Qualität des Pflasters.

Klinkerformate

Die Maße der einzelnen Klinker sind nach einem Fugenraster, das von 10 bis 30 cm reicht, hergestellt. Eine Mindeststärke des Klinkerpflasters ist mit 4 cm vorgegeben. Alle anderen Maße sind innerhalb des Fugenrasters frei. So haben die Klinker von Hersteller zu Hersteller unterschiedliche Maße, die vor Planungsbeginn erfragt werden sollten. Pflasterklinker haben vorwiegend rechteckige und quadratische Formen.

Rechteckige Formen. Ein Überblick über die Maße der erhältlichen Pflasterklinker könnte in seiner Vielfalt verwirrend sein. Übliche Abmessungen sind:
  25 × 12 × 6,5 cm
  24 × 11,5 (oder 11,8) × 7,1 cm (oder 5,2 cm)
  22 × 10,5 × 5,2 cm
  20 × 10 × 5,2 cm
Die Oberfläche der Klinker kann strukturiert sein, die Kanten gefast (das ist leicht gerundet), ungefast oder scharfkantig. Jedes Klinkerformat ist ebenso wie Ziegelformat in Voll- oder Halbziegel erhältlich, also in halber Steinlänge mit gleichbleibender Stärke und Breite. Paßstücke in Form von kleinen quadratischen Steinen und Bischofsmützen werden ebenso angeboten.

Quadratische Formen. Die quadratischen Klinker sind in der Regel in folgenden Größen erhältlich:
  30 × 30 cm
  24 × 24 cm
  21 × 21 cm
  20 × 20 cm
  18 × 18 cm.

Ein dreireihiger, ca. 60 cm breiter Gartenweg aus quadratischem Pflasterklinker säumt das Pflanzbeet und bietet ausreichend Platz zum Begehen.

Die Stärken reichen von 4 bis 7,1 cm. Obwohl viele Steine glatte Oberflächen haben, gibt es einige, insbesondere die sogenannten »Münchner Gehsteigplatten«, mit strukturierten Flächen: geriffelt, gekuppt und geviertelt mit Ringen.

Rechts: Selten gesehen und von der Idee her vorbildlich für die Gartenanlage: etwa drei Steinlängen breite gepflasterte Trittflächen innerhalb einer Pflanzfläche.

Oben: Schmale holländische Klinker im Reihenverband haben eine sehr starke Führungswirkung.

Unten: Um einen langgestreckten Gartenweg zu vermeiden, bietet sich die Verlegung eines wiederholten Mittelsteinverbands an, der den Weg optisch in kleine Einheiten aufteilt.

Unten rechts: Die Kombination von Verbandsarten kann eine Fläche bereichern. Geeignet für einen breiten Gartenweg, ist Blockverband abgewechselt mit Läuferverband.

Verbundpflasterklinker

Verbundpflaster ist neben Beton auch in Klinker erhältlich: unter anderem S-Form, Fischform, Doppel-T-Form. Optische Erscheinung und Verlegeform unterscheiden sich nur in der Farbe und Struktur von anderer ähnlicher Ware.

Holländische Pflasterklinker

Holländische Pflasterklinker sind weltweit bekannt. Unter den verschiedenen Formaten sind viele nur in historischen Pflasterungen zu finden. In der Regel sind die Klinker schmäler als deutsche, nur 8,5 cm im Vergleich zu 10 cm und mehr.

Ziegelpflaster

Im Unterschied zu Klinker wird Ziegel bei niedrigeren Temperaturen gebrannt und ist deshalb weniger hart. Wegen seiner großen Poren kann er mehr Wasser aufnehmen und ist daher frostempfindlicher. Die Belastbarkeit und Druckfestigkeit sind gering, die Empfindlichkeit gegenüber Säuren ist hoch. In der Regel werden Ziegelsteine in Norddeutschland, den Niederlanden, in Dänemark und England verwendet, wo mildere Klimabedingungen vorherrschen. Formate und Farben sind regional unterschiedlich, obwohl die Normierung des Pflasters in den jeweiligen Ländern viele Unterschiede ausgeglichen hat.

Altes Ziegelpflaster

Früher wurden Ziegel von Hand in Form gepreßt und handgeschlagen. Dadurch waren die Kanten nicht so exakt wie beim heute maschinell geschnittenen Klinker und das Format variierend. Vor der Normierung wurden Ziegel vor Ort in kleinen Ziegeleien gefertigt, mit ähnlichem Format, doch von Ort zu Ort unterschiedlichen Maßen.

Linke Seite: Manche Verbände wie Fischgrät-, Block- und Flechtverband eignen sich sowohl für eine flächige als auch eine kleinteilige Verwendung. Im Bild erweitert sich der Weg zur Terrasse. Auffallend sind die Details, die neutrale Reihe zwischen Muster und Einfassung und die Einfassung selbst.

Rechts: Im Kontrast zu den breiten hellen Kalksteineinfassungen wirken die Ziegel im Fischgrätverband noch farbiger und zierlicher, das Ganze überstreut mit Goldregen-Blüten.

Wasserbecken und Pflanzflächen lassen sich leicht in die im Blockverband verlegte Terrasse einschneiden.

Verlegungsformen: eine Vielzahl von Variationen

Klinker- und Ziegelpflaster bieten eine Fülle von Verlegungsmöglichkeiten, da sie nach dem Bausteinprinzip verlegt werden können. Bei der Wahl des Verbandes sollten Größe, Funktion und erwarteter Belastungsgrad der Fläche beachtet werden sowie das Pflasterformat. Welche Pflasterstärke verwendet wird, hängt von der Benutzung ab. Gehwege, Gartenwege, Terrassen und sonstige Flächen im Garten können mit Stärken von 40 bis 52 mm gepflastert werden. Eine höhere Verkehrsbelastung benötigt stärkere Steine. Für eine stark befahrene Fläche empfiehlt es sich, nur eine Verlegungsart zu verwenden. Im Garten jedoch können die Verlegearten je nach Fläche gewechselt werden, solange das optische Bild nicht zerstört wird.
Wie bei allen Pflasterbelägen ist ein fachgerechter Unterbau maßgeblich für die Beständigkeit und Langlebigkeit der Fläche. Pflasterklinker können hochkant sowie flach verlegt werden, eine Kombination aus hochkant und flach verlegten Steinen ist im Sandbett auszugleichen, das höchstens 5 cm tief sein sollte. Die Oberfläche soll stets ein gleichmäßiges Niveau haben und mit Gefälle verlegt werden. Sogenanntes starres Pflaster, auf Mörtel verlegt und mit Mörtelfugen, ist nur in Sonderfällen auszuführen. Seine Berechtigung hat es bei Flächen mit einer Steigung, die mehr als 10% beträgt sowie auf Industriehöfen mit schweren Altlasten, wo das Oberflächenwasser nicht in den Kanal gelangen soll. Die Ausführung sollte wie beim Natursteinpflaster vom Fachmann erfolgen. Für engfugige Verlegung geeignetes Pflaster wird mit dem Buchstaben »E« gekennzeichnet, für breitfugige Verlegung geeignetes mit »F«.

Läufer-Reihenverband. Einer der einfachsten und gängigsten aller Verbände, der sehr leicht zu verlegen ist. Halbsteine können mitgeliefert werden, um das Schneiden der Steine zu vermeiden und das Einhalten des Verbandes zu gewährleisten. Wie bei einem Mauerverband werden die Steine der Längsseite nach flach verlegt, Reihe für Reihe, mit ½-, ¼- und ¾-Stein-Versetzung, dadurch werden Kreuzfugen vermieden. Diese Verbandsart ist auch für quadratische Klinkerplatten geeignet. Eine sehr starke Führungswirkung im Weg kann erzielt werden, wenn die Reihen parallel zu den Wegkanten laufen. Reihen im rechten Winkel haben eher den Effekt, einen Weg optisch zu verbreitern und gleichzeitig die Länge zu verkürzen.

Klinkerweg im Ellbogenverband.

Mittelsteinverband. Ein Muster aus Reihen, die konzentrisch als »Schnecke« verlegt sind, kann zum Beispiel in quadratischer oder rechteckiger Form beliebiger Größe ausgeführt werden. Ideal als schmückende Terrassenbefestigung und Mittelpunkt im Weg.

Diagonalverband. Die einzelnen Steine werden im 45°-Winkel zum Weg- oder Terrassenrand gelegt. Auf beiden Seiten sollten als Abgrenzung mindestens einreihig längs verlegte Steine dienen.

Fischgrät- oder Keperverband. Eine klassische Verbandsart, die auch als Straßenbefestigung verwendet wird. Zwei Diagonalen von jeder Seite treffen sich in einem 90°-Winkel. Die Überschneidung ist von

Reihe zu Reihe versetzt, so daß ein stabiler Verbund entsteht. Eine mindestens einreihige Längszeile an den Weg- oder Platzrändern dient als Einrahmung und Anschluß. An den Rändern sollten Paßstücke einen halben Stein groß sein.

Ellbogen- oder Mauerverband. Eine Variation des Fischgrät-Verbandes, die sich für Gehwege oder als Bordüre für Terrassen eignet. Statt im 45°-Winkel zur Fahrtrichtung, liegt der Stoßpunkt um 90°, so daß immer eine Reihe parallel zum Rand läuft.

Block- oder Parkettverband. Diese Verlegungsart bietet sehr viele Variationsmöglichkeiten: Zwischen zwei quergelegten Ziegeln werden zwei Ziegel längs verlegt und so fort. Die Anzahl der hochkant- oder querverlegten Ziegel kann variiert werden, ebenso können die Blöcke als Ganzes versetzt werden. Auch der Blockverband sollte auf eine einreihige Steineinfassung stoßen und ist besonders als Zierverband für Wege und Plätze im Garten geeignet.

Flechtverband. Wie sein Name andeutet, wirkt dieser Verband wie ein Flechtwerk. Abwechselnd werden zwei quer liegende Ziegel über zwei längs liegende gesetzt. Die Wirkung kann durch die Verlegung von farblich unterschiedlichen Ziegeln in den beiden Flechtrichtungen gesteigert werden.

Kreuzverband. Flach gelegte Steine werden in regelmäßigem Kreuzverband verlegt. Dieser Verband kann sowohl in rechteckigem als auch in quadratischem Pflaster ausgeführt werden, ist aber nicht für Fahrverkehr geeignet. Kurven können nicht in diesem Muster verlegt werden.

Musterzeichnungen der Arbeitsgemeinschaft Pflasterklinker, die wertvolle Hinweise zum Thema Klinkerpflaster liefern, zeigen, wie Klinker fachgerecht verlegt werden.

Rechts: Bei der Verwendung von normalen Rechteckklinkern im Kreuzverband muß darauf geachtet werden, daß die Klinker exakt im Raster verlegt werden. Dieser Verband ist nur geeignet für Terrassen und Wege, die nicht mit Fahrzeugen befahren werden.

Rechts außen: Derselbe Verband, jedoch mit Hochkantklinker oder Riemchen gepflastert.

Rechts: Ein Bogen aus rechteckigen Klinkern, fachgerecht verlegt.

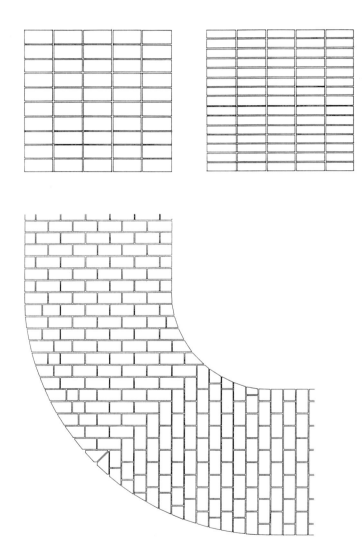

Die warmen Honigfarben des Terrakotta-Belags sind verlockend, in der Regel ist das Material jedoch ungeeignet für unsere Klimaverhältnisse.

Terrakotta – Platten mit südlicher Wärme

Kaum ein Belag hat eine so verführerische Wirkung wie Terrakotta. Ihre warmen, braunen Töne erwecken sofort die Erinnerung an die Toskana oder die Provence. Die Möglichkeit, das Urlaubsparadies im eigenen Garten zu inszenieren, komplett mit Oleandertöpfen und passenden Möbeln, wirkt unwiderstehlich.

Ein entscheidender Unterschied der Klimate, nämlich die langen kontinentalen Winter mit anhaltendem Frost in Nordeuropa, behindert die Verwirklichung. Die verhältnismäßig dünnen Terrakotta-Platten sind nicht so hart gebrannt wie Klinker und Ziegel und deshalb sehr frostanfällig. Nur geprüfte Ware mit Prüfzeugnis der Frostbeständigkeit ist in Erwägung zu ziehen.

Da die meisten Platten in Handarbeit gefertigt werden, weisen sie geringe Unterschiede auf, gerade bei den großen Platten sind die Ecken manchmal leicht erhöht. Beim Verlegen und Verfugen mit Mörtel kann dies aber teilweise ausgeglichen werden. Völlig glatte Fliesenflächen wie im Badezimmer können allerdings nicht erzielt werden.

Charakteristisch für Terrakotta ist das Bild eines rustikalen Belages mit leichten Farbdifferenzen zwischen den Platten. In der Regel von quadratischem Format – die Verlegesätze mit achteckigen und sechseckigen Teilen und Riemchen sind nur für innen geeignet –, können die Platten mit versetzten oder Kreuzfugen gelegt werden. Die Kombination mit anderem Material, vor allem mit Kieselstein, kann reizvoll sein und das gewünschte südländische Ambiente noch unterstreichen. Der richtige Bodenbelag wird einen Ort zwar verschönern, aber nie ein mittelmäßiges Einfamilienhaus in eine toskanische Villa verwandeln.

Terrakottapflaster wie aus der Urlaubsbroschüre. Für die Glücklichen mit einem Feriendomizil im Süden ist die abgebildete Verknüpfung von Belag, Pool und Bepflanzung vorbildlich.

Holzbeläge im Garten

Unten: Zwischen schmalen Holzbrettern im 3er-Paket verlegt sind Rindenhäckselfugen. Über den Nachteil des schnellen Verfaulens trotz Imprägnierung muß man sich bewußt sein, wenn man eine solche Belagsart wählt.

Rechte Seite: Natürlich und anspruchslos, das ist die naturnahe Seite von Holzbelägen.

Holz ist in seiner Vielseitigkeit ein beliebtes Material im Garten. Von regelmäßigen Brettern, Stegen und Plattformen, die Bilder von Meer und Wasser heraufbeschwören, reicht die Bandbreite bis hin zu den schmalen, geschwungenen, mit Rindenmulch bedeckten Waldwegen. Beide Verwendungsarten sind eng mit der Natur verbunden.

Das Geheimnis von Holz ist, daß Format und Bearbeitung die Anwendung und den Standort angeben. Gesägte und gehobelte Bretter und Bohlen erfordern eine andere Anwendung als loser Rindenmulch oder geschälte Stämme.

Egal, welche Formen und Formate von Holz verwendet werden, die Maßnahmen sind mit Ausnahme von Rindenmulch für Holzschutz und Pflege gleich. Gegen andauernde Feuchtigkeit, stehende Nässe und den damit verbundenen Pilzbefall sind vorbeugende Maßnahmen zu ergreifen. Holzroste und -decken liegen auf einer Unterkonstruktion und trocknen deshalb besser und schneller ab als Holzpflaster, das im direkten Kontakt zur Bodenfeuchtigkeit steht. Auch unter Verwendung von Holzschutzmitteln ist seine Lebensdauer begrenzt. Eine Imprägnierung mit umweltverträglichem Mittel ist anzuraten, hier sollte nicht gespart, sondern ein erprobtes Mittel verwendet werden, das weder in die Atmosphäre noch in den Boden Gift abgibt. Kesseldruckimprägniertes Holz, angeboten in vielen Baumärkten, hält ohne Nachpflege ein Jahrzehnt. Holzpflaster und Holzdecken werden meistens aus einheimischen Nadelhölzern wie Fichte, Tanne, Kiefer und Lärche hergestellt. Auf tropische Hölzer ist zu verzichten. Die Vorteile von Teak, Mahagoni, Bongossi und Bangkirai stehen in keinem Verhältnis zu den verheerenden Folgen, die ihr Abbau für die Umwelt hat. Lediglich (erheblich teurere) Harthölzer aus streng kontrollierten Plantagen, die von Umweltorganisationen anerkannt sind, können Verwendung finden. Den Tropenhölzern annähernd vergleichbar in Farbe und Haltbarkeit ist das Holz der Rotzedern. An der Spitze der Wetterbeständigkeit steht unter den heimischen Hölzern Eiche mit einer Lebensdauer von 15 bis 25 Jahren im unbehandelten Zustand, gefolgt von Douglasie und Lärche mit 10 bis 15 Jahren. Eichen-, Lärchen- und Robinienholz wird jedoch nicht überall angeboten. Für Fichte, Tanne und Kiefer kann eine Lebensdauer von 5 bis 10 Jahren angenommen werden. Die natürlichen Verwitterungserscheinungen sind das Verblassen des Holzes durch die Sonneneinstrahlung sowie Abnutzungserscheinungen. Beides gehört zum Charakter des Holzes. Nach Bedarf kann und sollte Holz erneuert werden.

Links: Der schmale Reihenhausgarten ist in eine Decklandschaft verwandelt, die großen Quadrate als Terrassen, die kleinen als Verbindungswege.

Rechts: Holzdecks rufen die Vorstellung vom Leben im Freien, von Erholung und enger Verbindung mit der Natur hervor.

Wenn Farbe und Holz richtig verwendet werden, können einzelne Elemente zu einer Einheit werden.

Rechte Seite: Holzroste, schnell und preiswert zu verlegen, eignen sich am besten für Terrassenflächen angrenzend am Haus.

Holzdecks – das Meer läßt grüßen

Von allen Holzbelägen ist die »Decklandschaft« am engsten mit dem Wasser verbunden: Stege, die über das Wasser schweben, Decks, die um Teiche und Pools führen. Es sind warme, fußfreundliche Beläge, willkommen nach dem kühlen Wasser des Pools. Für mich sind »Decks« Symbole des amerikanischen Lebensstils, großzügige Flächen in ruhiger Linienführung, die auch ohne Mobiliar leben – eine erweiterte Wohnfläche, mit oder ohne eingesetztes Schwimmbecken. Maßgeschneidert auf die Situation, ist sogar die »schrägste« Gestaltung möglich; überlappende Ebenen, Diagonalführung, frei tragende Auskragungen, sogar vorhandene Bäume lassen sich mit einbeziehen. Gerillte Oberflächen mindern die Rutschgefahr bei Nässe. Die Bohlen oder Bretter werden auf einer Unterkonstruktion aus Lagerhölzern verschraubt, nach den Konstruktionsprinzipien eines Holzbodens im Innenraum. Eine gute Belüftung ist wichtig für die Haltbarkeit, dazu gehört ein wasserdurchlässiger Unterbau aus Sand oder Kies. Lasiertes Holz kann die Farbe der Umgebung aufnehmen. Abstufungen von Grau in hellgrauen, blaugrauen bis anthrazitfarbenen Tönen sind am geeignetsten.

Holzroste – das Parkett für außen

Holzroste sind das Parkett für den Außenraum, besonders geeignet für Terrassen und Sitzplätze. Es sind regelmäßige, quadratische oder rechteckige vorgefertigte Felder aus Kiefern- oder Fichtenholz, die wie fertiges Parkett auf einer Unterkonstruktion aus Balken befestigt werden. Der Abstand der Hölzer hängt von der Größe der Felder ab, Abstandshalter zwischen den Rosten sind notwendig, um einen gleichmäßigen Fugenabstand zu gewährleisten. Aus den erhältlichen Größen von Holzrosten wird üblicherweise nur eine Größe für die durchgehende Verwendung ausgesucht:

    50 × 50 cm
    60 × 60 cm
    60 × 120 cm
    80 × 80 cm
    100 × 100 cm
    120 × 120 cm
    100 × 150 cm

Auch Roste für Beetwege (30 × 180 cm) werden angeboten. Die Höhe (35–54 mm) richtet sich nach der Feldgröße, die Brettdicke beträgt 19 mm, und um die Rutschgefahr zu minimieren, ist die Oberfläche gerillt.

Geplant und gebaut ist ein Holzdeck ein Teil Architektur, auf den ersten Blick schlicht, beim zweiten voller ausgefeilter Details.

Eine Erscheinung der 70er Jahre, die gelegentlich im Garten zu finden ist, ist das Kantholzpflaster, hier mit einer erhöhten Einfassungsreihe.

Bahnschwellen

Als Vorreiter des Material-Recycling-Prinzips wurden Bahnschwellen als Treppen, Hangbefestigung und Bodenbelag in den 70er Jahren vielfach verwendet. Die Euphorie ist inzwischen gedämpft, da man jetzt um die gesundheitsschädliche Teerimprägnierung von gebrauchten Bahnschwellen weiß. Auf dieses Gestaltungselement muß man aber auch heute nicht verzichten, da neue, kesseldruckimprägnierte Bahnschwellen mit folgenden Querschnitten erhältlich sind:

  16 × 24 cm
  16 × 26 cm
  18 × 24 cm
  18 × 26 cm

Nach wie vor kann das lineare Motiv sehr reizvoll sein, ob als Bodenbelag oder Stufengliederung.

Kantholzpflaster

Im Gegensatz zu seinem organisch-natürlichen Verwandten, dem Rundholzpflaster, hat Kantholzpflaster wesentlich vielseitigere Einsatzmöglickeiten. Bekannt als Fußboden für den Innenraum, insbesondere als Industriefußboden, wurde Kantholzpflaster als lärmdämpfender Straßenbelag schon im letzten Jahrhundert verwendet. Wegen der regelmäßig recht-

eckigen Größe paßt es sowohl zu moderner Architektur als auch zu bäuerlichen Bauten.

Die kesseldruckimprägnierten Holzklötze aus Kiefer, Fichte oder Eiche werden aus sägerauhen Kanthölzern als Kubus in den Größen 10 × 10 × 10 cm und 8 × 8 × 8 cm sowie als Rechtecke mit Kantenlängen zwischen 8 und 12 cm hergestellt. Die Verlegung erfolgt mit versetzten Fugen. Eine Einfassung ist nicht notwendig, der Belag kann in die Fläche übergehen. Sollte eine Einfassung verlegt oder ein Belagswechsel vorgesehen werden, müssen Doppelfugen als Dehnfugen eingeplant werden.

Rundholzpflaster

In den 70er und Anfang der 80er Jahre war Rundholzpflaster ein sehr beliebter Bodenbelag, der insbesondere auf Gartenschauen vorgestellt wurde. Es diente wohl auch als Inspiration für das eigenartige Beton-Rundpflaster, das die optischen Qualitäten eines runden Belages nachempfindet. Bestehend aus kurzen Stammabschnitten (10 cm, 15 cm oder 20 cm) von entrindetem und maschinell weißgeschältem Nadelholz, von dem mindestens der erste Jahresring abgeschält werden muß, ist dieses Pflaster um so tragfähiger, je länger die Stücke sind. In der Regel betragen die Durchmesser 6 bis 25 cm, wobei auch Sonderabmessungen möglich sind. Das Holzpflaster kann als Fläche aus Rundhölzern mit einheitlichem Durchmesser verlegt sein oder, um einen lebhaften Effekt zu erzielen, mit unterschiedlichen Durchmessern. Wegen des ständigen Erdkontaktes müssen die Hölzer kesseldruckimprägniert sein. Sollte das Holz stark ausgetrocknet sein, empfiehlt es sich, es vor dem Verlegen zu wässern und quellen zu lassen. Starke Unterschiede zwischen feuchtem und trockenem Zustand des Holzes führen zu schnellem Reißen und Faulen. Deutliche Nachteile dieses Belages sind die Rutschgefahr bei Nässe, die beschränkte Haltbarkeit und das starke optische Bild, das die Verwendung auf wenige Bereiche einschränkt.

Links: Trittplatten aus Baumscheiben: rutschig, leicht vermoost, aber trotzdem passend als Stichweg im Farngarten.

Oben: Rundholzpflaster, eine Zeitlang sehr beliebt, ist ein etwas problematischer Belag. Beständige Standorte ohne Schwankungen zwischen feucht und trokken sind ein Muß, um die Haltbarkeit des Belags zu verlängern.

Rinden- und Holzhäckselbelag

Seit langem als Bodenbedeckung für frisch gepflanzte Staudenbeete oder als federnder Belag für Kinderspielplätze bekannt, sind Rinden- und Holzhäcksel auch als Wegebelag geeignet. Es handelt sich um ein kostengünstiges Abfallprodukt mit geringer Lebensdauer, das sogar mit Material aus dem eigenen Garten erzeugt werden kann. Wer ein Häckselgerät besitzt oder ausleiht, kann anfallendes Material vom Gehölzschnitt sinnvoll verwenden. Wie beim fertig vorbereiteten Material darf die Korngröße nicht zu gering sein, ein feines, torfähnliches Pulver ist keinesfalls gewünscht. Geschwungene und unregelmäßige Wege lassen sich gut mit diesem Material bedecken, schön sind fließende Übergänge in die Pflanzung, Trampelpfade, je nach Bedarf mal breit, mal schmal. Das weiche und federnde Material ist allerdings nicht ohne Nachteile. Bedingt durch die Kleinteiligkeit und Leichtigkeit wandert es leicht vom Wege; was im Wald nicht stört, ärgert im Gemüsegarten. Eine Einfassung aus passenden Holzbalken bietet eine Lösung. Ein kleiner Nachteil ist, daß sich Niederschlags- und Schmelzwasser langsam verteilen, es fließt nichts ab, sondern das Wasser wird aufgesaugt und später bei warmem Wetter verdunstet. Die Verwandlung in eine zeitweise matschige Saugmatte ist vorprogrammiert, wenn nicht ein durchlässiger Untergrund lang anhaltende Staunässe verhindert. Von Zeit zu Zeit, je nach Gebrauch, ist es notwendig, frisches Material zu ergänzen. Dennoch ist das nur ein kleiner Preis, den man für einen natur- und landschaftsgerechten Belag zu zahlen hat.

Der Waldweg par excellence: grober Rindenhäcksel.

Rechte Seite: In vielen Situationen ist ein Rinden- oder Holzhäckselbelag ideal, besonders in naturnahen Gärten, Schattengärten oder Waldgärten mit Schwerpunkt auf der Pflanzung.

Unten: Nicht alle Pflanzen müssen aus dem Weg gezupft werden.

Rechte Seite: Welcher andere Belag würde sich so gut und neutral in die Gestaltung einfügen wie Kies, ein heller Belag zwischen dunklen Pflanzen.

Deckschichten

Die Suche nach einem kostengünstigen, optisch befriedigenden und funktionsgerechten Bodenbelag besteht, seit Gärten gestaltet werden. Für weitläufige Wegenetze, lange Einfahrtsstraßen und Vorplätze von Herrenhäusern war die Lösung eine Chaussierung: Kiesbahnen oder wassergebundene Decken, bestehend aus einer Deckschicht aus Gesteinsmaterial auf einer Tragschicht aus Kies oder Schotter. Trotz hohem Pflegeaufwand erleben diese Beläge eine Renaissance. Die unauffälligen Flächen passen nicht nur zu Altbauten, sie sind auch ideale Partner für moderne Architektur. Geschwungene Flächen wirken ebenso wie streng geometrische, egal in welcher Größe. Die kaum auszuschöpfenden Anwendungsmöglichkeiten in Kombination mit anderem Pflastermaterial sind die Stärke dieser Befestigungsart. Durch die richtige Wahl des Gesteinsmaterials können farbliche Nuancen und ein Bezug zur Umgebung hergestellt werden.

Kies – ein Klassiker

Kiesauffahrten verleihen einen Hauch von Eleganz, eine Spur vom Ambiente eines Herrenhauses. Schäden am Schuhwerk, das Eindringen von Kleinteilen ins Haus, der nötige Pflegeaufwand mit dem Glattrechen und Unkrautjäten, alles wird in Kauf genommen, denn Kies gehört einfach zum Garten. Sogar die magische Anziehungs-

kraft, die Kiesbeläge als unwiderstehliches Spielmaterial auf Kinder ausüben, werden wie das Knirschen des Kieses Teil des Gartenerlebnisses.

In feinster Form wurde Kies zur Ornamentierung von Parterres verwendet, eine Kunstform, mit der in Labyrinthen schmale Wege und Flächen aus Kies in unterschiedlichen Farben verziert wurden, flankiert von niedrigen Buchshecken. Solche Zierwege haben ihren Platz nicht nur in historischen Gärten, es ist durchaus denkbar, sich in der passenden Situation vom grauen Belag zu befreien und eine Farbe auszuwählen:

Weiß: Carrara, Körnung 7–15 mm
Weiß-Beige: Quarzsplitt, Körnung 3–7 mm
Rot: Ziegelsplitt, Körnung 3–8 mm
Gelb: Giallo Siena, Körnung 3–8 mm
Schwarz: Kohlenschlacken-Granulat, Körnung 3–5 mm
Grün-Grau: Diabassplitt, Körnung 8–11 mm
Grau bis Violett: Granitsplitt, Körnung 5–8 mm

Für einen Gartenweg beträgt der Gesamtaufbau 15 bis 20 cm: Auf dem wasserdurchlässigen und frostsicheren Unterbau liegt eine 3 bis 4 cm dicke Schicht Lehmkies, aus feinem Kies oder Splitt mit 3 bis 7 mm Körnung, abgestreut und gewalzt. Die unregelmäßig kantigen Teile verzahnen sich mit der Tragschicht und haben dadurch eine höhere Wasserdurchlässigkeit als Sandstreudecken. Der Pflegeaufwand ist für manche abschreckend, Rechen und Unkrautzupfen sind es nicht minder. Wer den Aufwand aber als gelegentliche Beschäftigung, die nach Bedarf auszuüben ist, ansieht, liegt hier richtig.

Linke Seite: Vom Vorplatz zum Sitzplatz: eine Umwandlung des klassischen Kiesplatzes. Warum nicht auch vor dem Haus gleich am Entrée, wenn der Vorgarten groß genug und sichtgeschützt ist?

Links: Goldene Kieswege im Kräutergarten.

Rechts: Farbspiel im Kies-Kieselstein-Garten: um die Bäumchen grobe Kiesel, grauer Granitkies im Beet, Kalksteinkies auf dem Weg.

Wassergebundene Streudecken

Von vielen Seiten als matschig bei Regen und staubig bei Hitze abgelehnt, sind wassergebundene Decken nach wie vor ideal für Landschaftsgärten. Sie können mit einem fachgerechten Unterbau sogar befahren werden. Je nach örtlichem Material sind Sand, Kalkstein, Ziegelmehl, Haldenasche als Deckschicht zu verwenden. Wie der Name schon andeutet, bindet Wasser das 0 bis 3 mm feine Material. Die Oberfläche ist nur bedingt wasserdurchlässig, deshalb ist es wichtig, sie mit einem Quer- oder besser noch Dachprofil auszuführen.

Zusammen mit einem fachgerechten Unterbau werden so die Unterhaltskosten reduziert. Nicht nur Wege, sondern auch Plätze können mit diesem Material bedeckt werden. Die Lebensdauer ist erheblich geringer als bei Naturstein- oder Klinkerpflaster, aber solange der Unterbau in Ordnung ist, kann eine neue, wassergebundene Streudecke ohne großen Aufwand nach der Abnutzung aufgetragen werden. Obwohl eine seitliche Einfassung in manchen Gärten deplaziert wirkt, ist sie zu empfehlen, um die Wegebegrenzung zu definieren und zu sichern.

Nicht nur Wege und Terrassen, sondern der ganze Garten kann mit Kies bedeckt sein.

Grüne Wege

Für Wege und Plätze, die regelmäßig benutzt werden und dennoch grün sein sollen, bieten sich die folgenden Möglichkeiten an.

Rasenwege

Nichts ist schöner im Garten als ein Rasenweg zwischen hohem Gras, ein besserer Trampelpfad, der – wenn nicht mehr benutzt – von der Wiese zurückerobert wird. So muß der Weg nicht immer den gleichen Verlauf haben und kann durch den Garten wandern. Für die Ansaat von Rasenwegen sind trittfeste Gräser und Kräuter zu verwenden, die häufig gemäht werden, um Dichte und Widerstandsfähigkeit zu fördern. Bei der Neuanlage von Rasen- und Wiesenflächen ist Rollrasen, erhältlich in schmalen Bahnen, ideal für sofort begehbare Wege.

Schotterrasen

Sehr vereinfacht gesagt, ist Schotterrasen eine verwachsene Kiesdecke, die befahrbar und ideal als gelegentlicher Besucher-Parkplatz oder als Sitzplatz zu nutzen ist. Man sieht eher einen grünen Schimmer als eine dichte Rasenfläche, jedoch aus der Entfernung deutlich als Grün zu erkennen. Wie alle grünen Pflasterarten benötigt Schotterrasen eine Entwicklungszeit, bevor er benutzt werden kann, sowie eine Regenerationsperiode nach starker Beanspruchung oder einer lang anhaltenden Hitzewelle.

Rasenpflaster aus Granit-Großstein: schön, zweckmäßig und naturnah in einer Margeritenwiese.

Rechte Seite: Heidegärten können etwas trist und künstlich erscheinen, das Grün der Fuge ist hier notwendig für den Erfolg der Gestaltung.

Rasenpflaster

Im Gegensatz zu den konventionellen Pflasterarten muß beim Rasenpflaster das Fugenbild dominieren, ein grünes Raster, das die Steine in den Hintergrund rückt und teilweise verdeckt. Dadurch erhöht sich der Grünanteil in kleinen Gärten, ein nahtloser Übergang zwischen Rasen und Weg entsteht. Nicht nur funktionelle Gesichtspunkte, sondern auch ästhetische Aspekte spielen eine Rolle beim Einsatz dieser Belagsform. Vielleicht soll das Grün bis ans Haus rücken, aber ein begehbarer Belag vorhanden sein, das Pflanzbeet in den Weg übergehen oder ein strenges Pflaster mit grünen Fugen aufgelockert werden. Natursteinpflaster oder -platten wie auch Klinker und Beton sind in jedem Fall vorzuziehen und geradezu ideal für gelegentlich mit Fahrzeugen befahrene Zufahrten, Wege und Plätze. Die Fugenbreite ist besonders wichtig für das Gedeihen von Pflanzen und Rasen und muß in Proportion zur Steingröße stehen: 1 cm Breite für Kleinsteinpflaster, 2 cm für Großsteinpflaster, eine Doppelfuge, verfüllt mit Erdmischung und mit Rasen angesät.

Rechts: Der angrenzende Rasen zieht sich in den Plattenbelag hinein und erhöht den Grünwert im Garten.

Unten: Statt die Blumenwiese auf dem Weg zum Sitzplatz, Teich oder einfach zum Ende des Gartens zu zertrampeln, legt man am besten einen Rasenweg an. Gerade der Kontrast zwischen kurz gehaltenen und langen Gräsern ist reizvoll. Nicht geeignet allerdings für Wege, die oft begangen oder regelmäßig mit Schubkarren, Kinderfahrrädern oder ähnlichem befahren werden.

Durch die Sonnenstrahlen erhitzt sich die Pflasterfläche und läßt im Winter sogar Schnee schmelzen. Braune, unansehnliche Stoppeln sind das Ergebnis. Häufiges Gießen und beschränktes Befahren in der Anfangsphase sind wichtig für das Wachstum und die Entwicklung des Rasens. Sehr reizvoll sind selten benutzte Pflasterflächen, die durch einen Anflug von Gras und Kräutern im Schatten von Moos besiedelt sind. Das Pflaster wird dadurch nicht beschädigt, und ein regelmäßiges Auszupfen nach Art des Herrn Saubermann ist überflüssig. Auch niedrig wachsende Kräuter und Polsterpflanzen können zwischen den Fugen Lebensraum finden und das Blumenbeet in den Weg oder die Terrasse hinein erweitern.

Rechte Seite: Wegeaufbauten für Decken und Grünes Pflaster, für leichte Belastung (alle nach: »Freiflächen an öffentlichen Gebäuden naturnah gestalten und pflegen«). Für eine höhere Belastung, insbesondere durch Pkw, ist der entsprechende Unterbau (s. S. 46) vorzusehen. Bei gutem wasserdurchlässigem Untergrund kann auf eine Frostschutzschicht verzichtet werden.

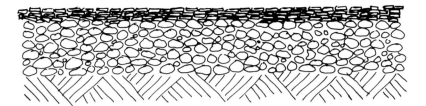

Für Rindenhäcksel:
- 6 cm Rindenhäcksel
- Unterbau 10–15 cm Kies oder Schotter

Für Schotterrasen:
- 3 cm Splitt mit Rasenansaat gemischt
- 10–15 cm Schotter und Oberboden
- 10–15 cm Kies oder Schotter
- eventuell Frostschutzschicht

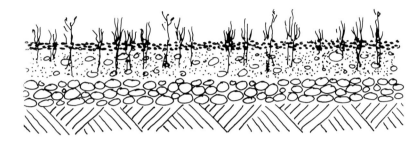

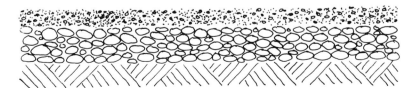

Für Rasengittersteine:
- Betonsteine, 8–12 cm, mit Oberboden verfüllt und Rasensaat
- 3–5 cm Sand oder Splittbett
- 20 cm Kies oder Schotter
- Frostschutzschicht aus verdichtetem Kies

Für eine Kies-(Riesel-) oder Splittdecke:
- 8 cm Kies (Riesel) oder Splitt
- 20 cm Kies oder Schotter
- eventuell Frostschutzschicht

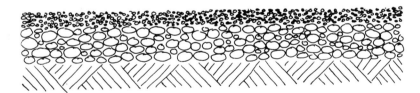

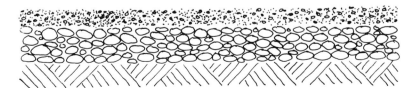

Für eine wassergebundene Decke:
- 5–10 cm Natursand, Splitt und Schotter
- 20 cm Kies oder Schotter
- eventuell Frostschutzschicht

Einfach gefaßt

Nicht nur Wege, sondern auch eine kostbare Pflanze kann eingefaßt werden.

Einfassungen, Mähkanten und Rabattensteine sollten nicht dem Zufall überlassen, sondern von Anfang an in die Planung mit einbezogen werden. Immer, wenn zwei Flächen aufeinander stoßen, gehört eine Übergangszone oder Trennungslinie dazwischen. Im Garten dienen diese Linien nicht nur zur optischen Gliederung, sondern sind eine technische Notwendigkeit. Denn eine Einfassung, in der Regel höher stehend als der Belag und in einen Betonkeil eingebettet, gibt Wegen oder Terrassen Halt und verhindert seitliches Absinken oder Ausweichen. Lockeres Material wie Kies oder Streudecken kann nicht in die angrenzenden Flächen wandern, ebensowenig wie Erde auf den Gehbelag gespült wird.

Je nach Situation wählt man die passende Einfassung. Kontraste in Farbe und Material können spannend sein, sicherer ist es jedoch, ein einheitliches Material zu verwenden. Manche Einfassungen wie etwa Baumstämme gehören eindeutig in eine ländliche Umgebung, andere fühlen sich überall zu Hause. Nicht alles muß gesäumt werden, Wald- und Rasenwege können in ihr Umfeld einfließen. Sauber gezogene Kanten vermitteln ein Gefühl von Ordnung, trotzdem müssen die Pflanzen nicht hinter die Linie verbannt werden. Zur praktischen Ausführung von Wegeinfassungen ist zu sagen, daß sie vor dem Belag ausgeführt werden und ihre Endhöhe so berechnet werden muß, daß sie nach der

Ausführung um mindestens 5 cm höher stehen als der Belag. Außer Holzstangen müssen alle Einfassungen in einen Betonkeil gesetzt und die Fugen sauber mit Mörtel gefüllt werden.

Die Einfassung ist selten im Quadratmeterpreis des Belages enthalten, sondern wird meist getrennt berechnet. Es lohnt sich überhaupt nicht, hier Einsparungen zu machen, denn eine Einfassung ist in den meisten Fällen notwendig und kann nur

mit hohem Aufwand nachträglich ausgeführt werden, da der Belag dazu entfernt und neu verlegt werden muß. Eine Zwischenlösung ist bei Natursteinpflaster, Beton und Klinker- oder Ziegelbelägen möglich, wenn nur der Weg oder die Fläche einen sicheren Halt haben soll: Die äußeren drei oder fünf Reihen, je nach Größe des Pflastersteins, können bündig mit dem restlichen Belag mit Mörtelfugen oder auf einen Betonkeil verlegt werden. Diese Lösung ist nicht empfehlenswert für stark befahrene Flächen.

Die Einfassung sollte im Einklang mit dem Belag stehen, also entweder aus dem gleichen Material oder einem nicht zu kontrastreichen bestehen. Das Ornament ist entweder im Belag oder in der Einfassung, Übertreibung sollte vermieden werden.

Links: Eine beidseitige Carrara-Marmor-Zeile kennzeichnet den inzwischen verwachsenen Weg aus einer wassergebundenen Sandstreudecke und gibt dem Belag den notwendigen seitlichen Halt.

Rabattensteine

Nicht nur Wege, sondern auch Pflanzbeete können eingefaßt sein. Im letzten Jahrhundert waren Metall- oder Ziegeleinfassungen in allerlei dekorativen Formen weit verbreitet, verziert mit Akanthusblättern oder Lilien. Blumenbeete, auch Rasenflächen wurden umrahmt und präsentierten sich mit einem Einfassungskranz. Für den heutigen Geschmack sind solche Beete überladen, eine einfache Form von Rabattensteinen oder Pflastersteinen zwischen Staudenbeet und Rasenfläche ist sicher sinnvoller. Sie muß selbstverständlich wirken und ihren Zweck – das Zurückhalten von Humus im Beet – erfüllen.

Mähkanten

Mähkanten sind im englischen Garten weit verbreitet und Kunststücke für sich. Sie erfüllen ihren Zweck, ohne optisch aufdringlich zu sein: Schmale Metallbänder, die den Anschein geben, den Rasensoden zu halten, oder einfache Holzbretter, beide etwas tiefer als der Rasen, unscheinbar und praktisch. Die Rasenfläche soll für gutes Mähen höher liegen als der Weg, so kann die Mähmaschine bis an den Rand gelangen.

Links: Für Mosaiksteinflächen sollte der Einfassungsstein etwas größer sein als der Belag selbst. Die grafische Qualität des Spiels mit dem Hell-Dunkel-Kontrast zwischen Marmor- und Granitpflaster bereichert jeden Weg.

Eine Vielfalt an Einfassungen, deren hoher ästhetischer Wert neben ihrem Nutzen nicht zu verleugnen ist, ob im 45°-Winkel verlegt, wellig ausgeschnitten oder farbig betont.

Links: Um die Jahrhundertwende wurden mehrere Einfassungen angeboten, viele sind als alte Gebrauchtware zu erhalten und werden einzeln wieder neu angeboten wie der »Rope Top«.

Rechts: Auch Rabatten können eingefaßt werden, hier mit drei Reihen Pflaster, in Mörtel verlegt. Nicht nur der Humus bleibt so an seinem Platz, sondern auch die aus dem Beet quellenden Blüten werden beim Rasenmähen nicht gekappt.

Rechte Seite: Dünne Baumstämme als Abschluß eines Rindenhäckselbelags. Zu beachten ist, daß jeder Belag in Einklang mit Material und Stimmung die passende Einfassung bekommt.

Unten: Vor allem bei Nässe kommt die farbliche Brillanz von Kieseln in allen Farben von Brauntönen und Grauschattierungen bis Blau-Schwarz zum Vorschein.

Rechte Seite: Was auf den ersten Blick als Fläche wirkt, ist bei genauerer Betrachtung ein sorgfältig bearbeitetes geometrisches Muster aus Kreisen und aufgeteilten Quadraten.

Fantasievolle Pflasterbilder – Kunstwerke aus Kieselstein

Von allen Pflasterarten ist das Kieselpflaster prädestiniert für den Garten. Ob als großflächiger Kieselteppich oder als einzelne Vignetten am Boden, der Schwerpunkt liegt auf der besonderen optischen Wirkung. Die Vorbilder stammen aus den Mittelmeerländern. Bereits die alten Griechen schmückten ihre Plätze mit feinen Kieselteppichen. Auch »Pflasterhochburgen« wie Freiburg und Darmstadt in Deutschland besitzen eine hervorragende Pflasterkunst. Kirchplätze, Türschwellen, sogar ganze Gassen sind in manchen Orten in Kunstwerke verwandelt. Geometrische Formen, Rauten, Kreise, Ovale, Sterne, Flechtwerk, Voluten und Arabesken, Ornamente aus hellen Steinen auf dunklem Hintergrund. Besonders kostbar sind mehrfarbige Medaillons, versehen mit Bildnissen, Sprüchen oder Initialen. Im Garten sind die Flächen persönliche Statements, individuelle und auf den Ort maßgeschneiderte Gestaltungselemente, die sogar von eigener Hand gefertigt werden können. Für Muster und Bilder sind Steine zwischen 4 und 6 cm Durchmesser am geeignetsten. Rund oder länglich, vom Wasser glattgeschliffen, stammen die Steine von Gletschern, Stränden, aus Flüssen oder Bächen.

Das heißt allerdings nicht, daß Sie ganze Flußbänke oder Strände abtragen, sondern daß Sie die sortierte Auswahl im Fachhandel nutzen sollten. Hier werden Steine nach Größen, Form und Farbe angeboten. Wie aus der Benennung ersichtlich wird, sind die größeren Steine für Katzenkopfpflaster geeignet, also für flächige Verlegung mit geringem Ornamentanteil. Die Steine können der Länge nach verlegt werden oder hochkant, wie eng an eng verlegte Eier. Wie bei allen Pflasterarten ist die Fugenbreite wichtig, das Fugenmaterial darf nicht in den Vordergrund treten, sondern soll nur Halt für die Steine bieten. Drei Verlegungsarten stehen zur Verfügung, alle auf einem Unterbau für schwachen Verkehr:

- Die traditionelle Methode im 3 bis 4 cm starken Sandbett, mit nachträglichem Einkehren und Einschlämmen von Sand nach der Tagesarbeit. Hier gilt die bewährte Regel, in Quadraten von 50 × 50 cm zu arbeiten.
- Das Setzen der Steine im Mörtelbett, wobei nur soviel Mörtel aufgetragen werden soll, wie in zwei Stunden verarbeitet werden kann, da der Mörtel nach dieser Zeit aushärtet.

In beiden Fällen werden die Steine nicht einzeln, sondern mit einem langen Brett in das Bett gedrückt, um alle gleich fest auf die gleiche Höhe zu bringen.

- Medaillons können als fertiges Bild vorfabriziert und in die Fläche gesetzt werden. Bei dieser Methode ist auf eine transportable Größe zu achten sowie auf die Anbindung und Einfassung am Einsatzort. Manche Pflasterbilder lassen sich wie in einem Puzzle in kleine Stücke teilen, numeriert können diese dann am Einsatzort zusammengesetzt werden. Da die Steine als starre, unbewegliche Fläche in Mörtel gesetzt sind, ist es besonders wichtig, auf einen fachgerechten Unterbau zu achten.

Mit den kleineren länglichen Kieseln, nach Größen und Farben sortiert, ist eine Vielzahl von Mustern möglich. Nur an Handwerkern fehlt es, die ein feines Fries wie dieses verlegen können.

Die Herstellung des Medaillons erfolgt nach den Prinzipien eines »versunkenen Obstkuchens«, bei dem das »Obst« – also die Kiesel – vorsichtig eng an eng im Sandbett unten in die Form gelegt wird, anschließend darüber eine Bedeckung aus Mörtel. Erst wenn alles fest geworden ist, nach mindestens 24 Stunden, kann die Form entfernt werden (siehe dazu auch das Buch von Peggy Vance und Celia Goodrick-Clarke, »Mosaik«, Callwey, München 1995). Kieselpflasterflächen haben zwei Nachteile: Zum einen sind sie nur bedingt belastbar und völlig ungeeignet für das Befahren mit Pkw, zum anderen sind die glatten Flächen bei Nässe besonders rutschig. Bewertet nach der Gehbequemlichkeit, würden sie nie gute Noten erzielen – ein kleiner Preis, den man für ihre ästhetische Ausstrahlung bezahlt.

Ohne Frage stellen Pflasterbilder die Höhepunkte der handwerklichen Leistung dar. Wer ein Auge für solche Arbeiten entwickelt, wird staunen, wie viele Kunstwerke am Boden zu finden sind. Initialen, Sternzeichen, Jahreszahlen, Berufszeichen, frei erfundene Motive, die Möglichkeiten sind kaum auszuschöpfen. Die Fantasie hat freien Lauf und ist nicht nur auf einzelne Prachtstücke begrenzt. Fast in jeder Stadt sind Pflastermotive zu finden, die in den Garten übertragen werden können. Also heißt es Augen offen halten, den Blick nach unten richten: Die Suche nach den Schätzen am Boden kann beginnen!

Muster zum Nachahmen, nicht nur wie hier gezeigt innerhalb einer Kieselsteinfläche, sondern auch als Medaillon, umrahmt von einem anderen Belagsmaterial. Die dunklen Kiesel drehen sich wie ein Wirbel um den hellen

Kreis, der aus immer kleineren Kreisen besteht. Bewegung und Spannung sind in einer Kieselpflasterfläche von höchster Bedeutung. Auch wenn nur gleichfarbige und gleichgroße Steine verwendet werden, ist die Verlegerichtung bestimmend. Wichtig sind Details wie der länglich schmale Verbindungsstein zwischen Raute und Tropfen.

Durchmesser	Name	Farbe	Form
4–6 cm	Carrara	weiß, zartgrau	rund, glatt
	Diabas	grün	gerundet
	Feuerstein	dunkelgrau	gerundet
	Granit	grau-weiß gesprenkelt	gerundet
	Granit	rot-weiß gesprenkelt	gerundet
	Porphyr	rot/braun/graubunt	rund, glatt
	Porphyr	rot/braun/graubunt	gespalten
	Serpentin-Schotter	grünschwarz	kantig
7–15 cm	Kleine Bach-Bummerl	grau-bunt	rund, glatt
	Gletschersteine	weiß-schwarz gesprenkelt	rund, glatt
	Inn-Katzenkopf	buntfarbig	rund, glatt
	Quarz-Katzenkopf	gelblichweiß	rund, glatt
	Verde Nero	grün-anthrazit	gerundet

Fantasievolle Pflasterbilder **122**

Leuchtende keramische Kugeln und Kiesel, ungewöhnlich und ausdrucksvoll.

**Rechte Seite:
Pflaster regt die Phantasie an, gerade im Garten sind individuelle und exzeptionelle Lösungen möglich. Dabei müssen Pflanzen und Pflaster harmonieren und die besondere Pflasterung darf nicht versteckt, sondern an einer prägnanten Stelle sein.**

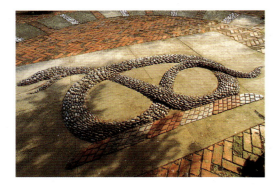

Pflasterbilder müssen richtig in die Fläche eingebunden sein und vor allem optimal präsentiert werden. Dazu gehört die Entscheidung, ob sie bündig zu begehen sind oder als eine Art Bodenrelief wie die Schlange und der Stern leicht erhöht liegen und der Betrachtung dienen. Hell-Dunkel-Kontraste aus weißem Carrara-Marmor zu dunklem Granit oder sogar Basalt sind am einfachsten nachzuahmen. Hier kommt es auf ein starkes, klares Motiv an.

Bildnachweis

Die Ziffern geben Seitenzahlen an, in Klammern sind Standort oder Entwerfer erwähnt.

Titel: Jerry Harpur (Claus Scheinert, Tom Parr) **Vorsatz und 122 unten:** Practical Gardening / Colin Lefteley (Hilary Mcmahon für Costins Nurseries Co. Kildare) **3** Clive Nichols / GPL (Sir Roy Strong Garten) **4** Gary Rogers (Chatsworth House) **7** Ron Sutherland / GPL (Ann Mollo) **8** Peter Howcroft (York Gate / The Gardeners' Royal Benevolent Society) **9** Clive Nichols / GPL (Barnsley House, Gloucestershire) **11** David Farrell (Sybil Connolly) **12 rechts** Gary Rogers (Edwin Lutyens, Little Thakeham) **12 unten** Gary Rogers (Greys Court) **13** Peter Howcroft (York Gate / The Gardeners' Royal Benevolent Society) **14 links** Peter Howcroft **14 oben rechts** Gary Rogers (Barrington Court) **15 unten** Heidi Howcroft (Le Manoir aux Quat' Saisons) **15** Steven Wooster / GPL (Ian Hamilton Finlay) **16** Katrin Schulze (Gilles Clément) **17 rechts** Heidi Howcroft **17 Mitte** Heidi Howcroft (Gerhart Teutsch) **17 links** Heidi Howcroft **18** Gary Rogers (Barnsley House, Gloucestershire) **19** Binette Schroeder (Edwin Lutyens, Folly Farm) **20 links** Wolfram Stehling **20 Mitte** Heidi Howcroft

(Arch. Hundt) **20 rechts** Wolfram Stehling (C. Wegener) **21 links** Heidi Howcroft **21 rechts** Katrin Schulze **23** Henk Dijkman / GPL **25** Garpa. Garten & Parkeinrichtung **26 links** Peter Howcroft **26/27 Mitte** I. Terestchenko / SIP (Deco: Marcel Wolterinck) **27 rechts** Peter Howcroft **28** Gary Rogers (Isabella Green & Associate, Pasadena) **28 rechts** Peter Howcroft (York Gate / The Gardeners' Royal Benevolent Society) **29** Bernard Touillon / SIP **30/31** Nick Meers / GPL (Misarden Park, Gloucestershire) **32** Heidi Howcroft **33** Steven Wooster / GPL (Gordon Collier) **34 links** Heidi Howcroft **34 Mitte oben** Heidi Howcroft **34 Mitte unten** Gary Rogers (Hatfield House) **34 rechts** Heidi Howcroft **35 links** J. S. Sira / GPL **35 rechts** Eric Crichton **38** Peter Howcroft (Edwin Lutyens, Folly Farm) **39 oben links** Heidi Howcroft **39 unten** Katrin Schulze **39 rechts** George Meister (Ernst Rupp) **40 oben** Brigitte Thomas / GPL **40 unten** Peter Howcroft **40 rechts** George Meister (Gerhart Teutsch) **41** Ron Sutherland / GPL **42** Brigitte Thomas / GPL **43** Gary Rogers (Mark Warker für Harpers & Queens & Cartier) **44** Steven Wooster / GPL **45** C. de Virieu / SIP **47 oben** J. P. Lagarde / SIP **47 unten** George Meister (Gerhart Teutsch) **48** George Meister (VGB) **49** Derek St. Romaine (Mark Rummary Garten) **50 oben** Heidi Howcroft **50 Mitte** George Meister (VGB) **50 unten** George Meister (VGB) **53** Gary Rogers (Ulrich & Hannelore Timm) **54** Peter Howcroft **55** George Meister (VGB) **56 oben** Wolfram Stehling (Wolfgang Miller) **56 unten** Peter How-

croft (York Gate / The Gardeners' Royal Benevolent Society) **57** Lamontagne / GPL **58** Wolfram Stehling (V. v. Delius) **59** George Meister (VGB) **60** George Meister (VGB) **61** George Meister **62** Wolfram Stehling (Prof. Warda) **63** Bernard Touillon / SIP **64** Wolfram Stehling (G. Schulze) **65** George Meister (VGB) **66** Katrin Schulze **67** E. Morin / SIP **68 links** George Meister **68 Mitte oben** Heidi Howcroft **68 rechts** nach Friedrich Wilhelm Noll **69** George Meister **72** Wolfram Stehling (Wolfgang Miller) **73** George Meister **74** Betonwerke Reinschütz **75** Wolfram Stehling (W. Mueller) **76** Betonwerke Reinschütz **77** Peter Howcroft (Michael Branch) **78 Mitte** Gary Rogers (Michael Bonn, Guernsey Channel Islands) **79 oben** Wolfram Stehling (W. Mueller) **79 unten** Heidi Howcroft **80** Hedwig Zdrazil **81** Ron Sutherland / GPL (Murray Collins Design Australia) **82** Wolfram Stehling (W. Mueller) **83** Wolfram Stehling (Peter Leitzmann) **84 links** Wolfram Stehling (W. Mueller) **84 rechts** Gary Rogers (Isabella Green & Associate, Pasadena) **85 links** Heidi Howcroft (Barnsley House, Gloucestershire) **85 rechts** Gary Rogers (Barrington Court) **86** Gary Rogers (Charlestown, South Carolina) **87** Binette Schroeder (Folly Farm, Edwin Lutyens) **88 oben** Peter Howcroft (Lanning Roper) **88 unten** Wolfram Stehling **89** Arbeitsgemeinschaft Pflasterklinker **90** Gary Rogers (Palm Beach Gardens, Schatzi Gaines) **91** Heidi Howcroft (Pippa Humphreys) **92** Ron Sutherland / GPL **93** Brian Carter / GPL, Chelsea Flower Show 1989 **94** Ron Sutherland / GPL

(Duane Paul Design Team) **95** D. Vorillon / SIP (T. Bosworth) **96** T. Jeason / SIP **97 links** C. Sarramon / SIP (Maison J. Guillermain) **97 rechts** J. P. Lagarde / SIP **98** Heidi Howcroft **99 links** Linda Burgess / GPL (RHS Wisley, Surrey) **99 rechts** Gary Rogers **100** Gary Rogers (Ulrich & Hannelore Timm, Willy Hinck) **101** Ron Sutherland / GPL, Mien Ruys Garten, Holland **102** Gary Rogers **103** Peter Howcroft **104 links** Brigitte Thomas / GPL **104/105** Gary Rogers (Rosie Young) **105** Gary Rogers (Little Morton) **106, 107** Gary Rogers (Fountain Halls, Arizona, Fran & Wally Worn) **108** Wolfram Stehling **109** Gary Rogers (Maria Laach) **110 links** Tommy Candler / GPL **110 rechts** Gary Rogers (Sir Terence Conran) **111 nach:** Freiflächen an öffentl. Gebäuden naturnah gestalten und pflegen **112** Heidi Howcroft **113 unten** George Meister (Gottfried Hansjakob) **113 unten** George Meister (Heidi Howcroft) **114–115** Ron Sutherland / GPL **116 links** John Miller / GPL **116/117 Mitte** George Meister **117 rechts** Juliette Wade / GPL **118** N. Millet / SIP **119** Bernard Touillon / SIP **120** N. Millet / SIP **121** Heidi Howcroft **122/ 123** Practical Gardening / Colin Lefteley (Nuala Laycock, Mathew Bell für Zeneca Ltd) **124 links** Gary Rogers (Chatsworth House, Dennis Fisher) **124 rechts** Heidi Howcroft **125** Gary Rogers (Chatsworth House)

GPL Garden Picture Library, London
SIP Stock Image Production, Paris
VGB Vereinigte Granit Betriebe, Fürstenstein

Wichtige Adressen

Informationen zu ausführenden Betrieben

Zentralverband des deutschen Baugewerbes
Godesberger Allee 99
53175 Bonn
Der Zentralverband teilt die Anschriften der jeweiligen Landesverbände mit, bei denen Auskunft über Straßenbaufirmen, die Pflasterarbeiten ausführen, gegeben wird. Für München wurde das Heft »Bauen in München« erstellt, das auch die Pflasterfirmen erfaßt. Es ist erhältlich über die Bauinnung München.

Bundesverband Garten-, Landschafts- und Sportplatzbau e. V. (BGL)
Alexander-von-Humboldt-Str. 4
53604 Bad Honnef
GaLa-Bau-Betriebe sind Ausführungsfirmen, die je nach Größe des Betriebs von Erdarbeiten über Mauer- und Treppenbau, Pflanzarbeiten, Pflasterarbeiten und sonstige Wegebefestigung bis hin zum Spiel- und Sportplatzbau sämtliche Arbeiten zum Bau von Außenanlagen und Gärten übernehmen. Der Bundesverband bzw. die jeweiligen Verbände der Bundesländer können Auskunft über ansässige Fachbetriebe geben.

Informationen zu Material und Bezugsquellen

Arbeitsgemeinschaft Pflasterklinker
Schaumburg-Lippe-Str. 4
53113 Bonn

Arbeitsgemeinschaft Holz e. V.
Füllenbachstr. 6
40474 Düsseldorf

Informationsstelle Beton-Bauteile
Postfach 21 02 67
53157 Bonn

Dank

Ohne den Kontakt mit den ausführenden Betrieben, vor allem den Pflasterern, hätte Pflaster nie solch eine Bedeutung für mich gewonnen. An dieser Stelle möchte ich allen danken, die mich über Jahre hinweg unterstützt und inspiriert haben, vor allem Bernhard Kroiß, Peter und Binette Nickl, wie auch Katrin Schulze.
Ein besonderer Dank gilt den Vereinigten Granit Betrieben Fürstenstein, deren Musterpflasterflächen, fotografiert von George Meister, im Buch abgebildet sind. Zum Schluß mein Dank an den Callwey Verlag, insbesondere Roland Thomas, Andrea Hölzl und Dorothea Montigel.

Literatur

Natursteinarbeiten
Alfred Baetzner
Stuttgart 1983
Beton-Bauteile für den Gartenbau
Hrsg. Informationsdienst Beton-Bauteile Bayern
Pflaster für Garten, Hof und Plätze
Heidi Howcroft
München 1994 [4]
Terrassen und Sitzplätze
Ulrich Timm
München, 1995 [2]
Historisches Pflaster
Denkmalschutz in Darmstadt
Bearbeitet von Irmgard Lehn
Darmstadt o. J.
Die Kunst des Pflasterns
Peter Nickl und Heidi Howcroft (Red.)
Ausstellungskatalog
München 1985
Das Pflaster in Geschichte und Gegenwart
Heinz Wolff
München 1987
Mosaik
Peggy Vance, Celia Goodrick-Clarke
München 1995
Natursteinlexikon
Herausgegeben von Günther Mehling
München 1993 [4]
Ziegel-Lexikon
Ziegelforum
München 1988
Fachkunde für Straßenbauer
Max Ziegler (Bauinnung München)
München 1978

Impressum

2. Auflage 1998
© 1996 Verlag Georg D. W. Callwey GmbH & Co, Streitfeldstraße 35, 81673 München
Das Werk einschließlich aller seiner Teile ist urheberrechtlich geschützt. Jede Verwertung außerhalb der engen Grenzen des Urheberrechtsgesetzes ist ohne Zustimmung des Verlages unzulässig und strafbar.
Das gilt insbesondere für Vervielfältigungen, Übersetzungen, Mikroverfilmungen und die Einspeicherung und Verarbeitung in elektronischen Systemen.

Konzeption: Helmuth Gebhardt, München
Satz: Filmsatz Schröter GmbH, München
Litho: Karl Findl, Icking
Druck und Bindung: Printer, Trento
Printed in Italy 1998
ISBN 3-7667-1207-1

Die Deutsche Bibliothek – CIP-Einheitsaufnahme
Das Pflaster im Garten:
150 Beispiele für schönere Wege, Terrassen, Treppen/
Heidi Howcroft. – 2. Aufl. –
München: Callwey, 1998
(. . . rund ums Haus)
ISBN 3-7667-1207-1
NE: Howcroft, Heidi

Heidi Howcroft
Der individuelle Garten
128 Seiten, 118 Abbildungen,
25 Zeichnungen. Gebunden.

» *E s ist ein faszinierender Bildband über Hausgärten, der Gestaltungsanregungen gibt und Mut dazu macht, seine individuellen Träume vom Garten zu verwirklichen.* «

HAMBURGER ABENDBLATT

IDEEN FÜR SCHÖNERE GÄRTEN

» *G leichermaßen Anregungen für den Fachmann wie den Heimwerker gibt das neue Pflasterbuch. Heidi Howcroft beantwortet technische Fragen zur Ausführung verschiedener Pflastertypen. In Schritt-für Schritt-Arbeitsfolgen lüftet sie so manches Geheimnis der Pflasterkunst.* « MAINPOST

Heidi Howcroft,
Richtig pflastern.
160 Seiten, 282 Abbildungen.
Gebunden

CALLWEY VERLAG
MÜNCHEN